暗黒の形而上学

触れられない世界の哲学

飯盛元章

Motoaki Iimori

青土社

暗黒の形而上学——触れられない世界の哲学

目次

目次

II 「法則」の外はとつじょ到来する——破壊 145

暗黒の形而上学——触れられない世界の哲学

プロローグ　世界は触れられなさで満ちている

1　本書の内容について――暗黒の形而上学

暗黒物質、暗黒エネルギー

暗黒とは、魅惑的なものである。それは、すべてが見通せる退屈な日常世界にうがたれた深さ無限の穴だ。本書は、そうした暗黒的なものを追求する試みである。

近年、「暗黒の《ダーク》」という表現を冠した思想書がいくつか出版されている。ニック・ランド『暗黒の啓蒙書』やアンドリュー・カルプ『ダーク・ドゥルーズ』、またランドらの思想について論じた木澤佐登志『ニック・ランドと新反動主義――現代世界を覆う〈ダーク〉な思想』を挙げることができる。これらにおいて示されているのは、倫理的・政治的な暗黒だと言える。善とみなされているものに対するアンチ。光り輝く善から、怪しくも魅惑的な暗黒のほうへ。そのような方向性が示された思想書だと言えるだろう。

本書における暗黒は、そうしたものとも関係するかもしれないが、むしろそれらよりももっと手前の、より形式的なものである。本書の暗黒が意味するのは、認識論的あるいは存在論的な暗黒だ。それは、宇宙物理学における「暗黒物質」や「暗黒エネルギー」という概念でもちいられる「暗黒」に近い。

宇宙物理学が示すところによれば、わたしたちが知っている物質は、宇宙の全質量・エネルギーのうちのわずか五パーセントにすぎない。それ以外のものにかんしては、存在していることはわかっているものの、それらがなんなのかはまったくわからないのである。この宇宙の二七パーセントは暗黒物質と呼ばれる未知の物質によって、また、六八パーセントは暗黒エネルギーという未知のエネルギーによって満たされている。わたしたち自身を含む既知の物質はバリオンと呼ばれるが、それは宇宙全体のなかではたった五パーセントのごくマイナーな存在にすぎないのである。宇宙のあちこちにポツリポツリと存在するバリオンは、広大な暗黒的なものに取り囲まれているのだ。

こうした暗黒物質と暗黒エネルギーは、バリオン（わたしたち）とほとんど相互作用をすることがない。かかわりが絶たれているがゆえに、それらは観測不可能な暗黒的なものとなっているのである。本書における暗黒は、こうした意味のものに近い。暗黒とは、わからなさ、触れられなさ、通路のなさである。

感性をバグらせ、魅惑する暗黒

根本的にわからないもの、触れられないもの、通路がないもの。こうしたものは、哲学では「他者」（l'autre; the other）と呼ばれる。この概念が意味するものは、日常的な用法と異なり、他の人間だけに限定されない。なんであれ、こちらから把握できないもの、かかわりが絶たれたものが他者だ。

エマニュエル・レヴィナスは、他者について思考した代表的な哲学者だと言える。レヴィナスは、他者について論じるまえに、まず主体の特徴を描き出している。彼にしたがえば、対象を認識する理性的な主体の特徴は、光にある。[1] わたしは、目のまえにある対象に光を投げかけることによって、それを認識する。光は、わたしとは異なる事物と出会うための条件なのである。ところが、この光は、わたし自身から放たれているかのようにして機能する。そして、この光によって照らし出された対象もまた、わたし自身から溢れ出てきたかのようにして、出会われることになってしまう。結局のところ、他なるものとの出会いを可能にする光は、出会いをもたらすと同時に、わたしとのあらゆる隔たりをかき消してしまうのだ。光によって照らされた対象はすべてわたし自身から溢れ出てきたかのようであり、理性はそのような仕方であらゆるものを自己自身のうちへと同化・吸収する。そこには、いかなる他者性も見いだされることはない。レヴィナスは、こうした光の投げかけから、徹底的に逃れ去るものとしての他者について考察している。

認識の光が届くことのない、まったくの他者。このことの具体的なイメージを持ってもらうために、ここで、ある芸術作品を補助線として取り上げることにしたい。アニッシュ・カプーアの

（1）Emmanuel Lévinas, *Le temps et l'autre*, Paris: Presses universitaires de France, 1983, pp. 47-49〔エマニュエル・レヴィナス『時間と他者』原田佳彦訳、法政大学出版局、一九八六年、四五－四七頁〕.

《Void No.3》という作品だ。わたしがこの作品を見たのは、二〇〇八年に森美術館で開催されていた「英国美術の現在史――ターナー賞の歩み展」を訪れたときである。

この展覧会の目玉作品は、カプーアの作品ではなく、ポスターにも使用されていたデミアン・ハーストの《母と子、分断されて》であった。ハーストの作品は、頭から尻にかけて真っ二つに切断された牛の親子が、それぞれべつの容器のなかで、ブルーに着色されたホルマリンに浸されている、というものだ。鮮やかなブルーのホルマリンに浸った内蔵丸出しの牛を、真っ白な外枠が囲う。それは、残酷さとポップさが入り混じったような作品であった。本書のここでの議論との関連で言えば、それは理性の光を象徴したかのような作品である。牛の親子は、まるで理性の光によって照らされた認識対象のように、内臓ごとすべてを光のうちへと曝け出している。そして、ホルマリンのなかで、鑑賞者のまなざしによって永遠に固定されつづけるのである。この作品にもとづいてあらためて定義しなおすとすれば、理性とは、事物の内蔵を光のもとに曝け出し、それをホルマリン漬けにすることだ、と言えるかもしれない。

ハーストのこの作品は、展覧会の宣伝用素材として使われていたこともあり、そのまわりに多くの入場者があつまっていた。その近辺の隅のほうにひっそりと展示されていたのが、カプーアの《Void No.3》である。ハーストの「牛」が光の作品だとすれば、カプーアの「空虚《ヴォイド》」は暗黒の作品だと言える。カプーアの作品は、ほぼ黒に近い濃い青色で彩られた巨大なお椀型のオブジェクトである。わたしの記憶する限りでは、それは巨大な暗黒そのものであった。そのまえに立つと、視界がほぼ覆い尽くされるほどの大きさだ。一面がまったくムラなく、ほぼ真っ黒に塗られているために、鑑賞者は作品との距離感をつかめなくなってしまう。お椀の上部をこちらに向けて倒したような形のオブジェクトなので、じっさいには奥のほうに向かって凹んでいるはずなのだが、むしろこちらに向かってせり出しているようにも感じられる。認識の光は、ムラなく真っ黒に塗られたこの暗黒のオブジェクトに吸い取られてしまい、まったく機能を果たすことができないのだ。それは、音にかんしても同様だ。吸音性の高い素材でできているため、そのまえで声を発しても予想したとおりの反響音が返って来ることはない。鑑賞者はいかなる手段をもってしても、目のまえの対象を認識し自らのうちへと吸収することに失敗してしまう。鑑賞者に生じるのは、わけのわからないものに対面している、いやむしろ飲み込まれている、という感覚である。わたしは、まわりの入場者を気にしつつも、カプーアの「空虚《ヴォイド》」に魅せられて、長いことそのまえに立ち尽くしていた。

認識の光が届かないこうした空虚こそが、本書における暗黒である。暗黒とは、認識の光を無力化し、自らへといたるあらゆる通路を捻じ曲げる空虚だ。そしてそれは、たんに触れられないだけでなく、自らに対峙する者の感性をバグらせることによって魅惑しさえする。

これとは反対に、光によって十全に照らし出された事物を考えてみよう。そうした事物は、すべてが予想どおりであり、なにもかもが理解の範疇のうちにあって、どこにも奇妙なところがないようなものであるだろう。わたしの存在を脅かす危険性がない、安全な対象だ。だが同時に、それはまったく退屈なものでもある。

それに対して、暗黒は興奮をもたらすようななにかだ。暗黒は、認識の光を無効化し、わたしのイニシアティブを圧し折る危険なものである。しかしそれゆえに、興奮をもたらし、魅了しさえする。暗黒とは、退屈な光の世界を強引にこじ開けにやって来る、不可視の脱出口だ。

暗黒、断絶、破壊

暗黒は、本書においてもっとも重要な概念である。しかし、この概念そのものが本論のなかで登場することはいっさいない。それは、暗黒物質が「宇宙の大規模構造」と呼ばれるものを形成する重要な役割を担っているにもかかわらず、わたしたちにはいっさいその正体を明かさないのに似ている。この宇宙では、不可視の暗黒物質が、銀河の分布を支配する巨大な構造をつくりあげている。それとおなじように、本書の「暗黒」概念は、自らは姿を隠したまま、その重力によって本書のいわば「大規模構造」を形成しているのだ。

本書は、大きく分けて「断絶」パートと「破壊」パートから成る。このふたつの概念はどちらも、背後に退いた「暗黒」概念から力を得ている。断絶は暗黒と密接に結びついた概念であり、この断絶をある方向に洗練させたものが破壊である。それぞれ簡単に確認しておこう。

まずは断絶について。ここまで確認してきたとおり、暗黒とは、認識の光が届かずそこへの通路が絶たれた彼方の領域である。つまり、暗黒は断絶の彼方だと言い換えることができるだろう。断絶とは連続的なつながりが断ち切られていることであり、この断絶線の彼方は無関係の闇となる。逆に言えば、彼方の暗黒の存在こそが断絶の成立条件である。こうした断絶には、ふたつのタイプがある。ひとつは、共時的（空間的）断絶である。第Ⅰ部であつかわれるのは、こちらのタイプの断絶だ。空間内に共時的に存在するふたつの項に走る断絶が、共時的断絶である。ある項AとBの

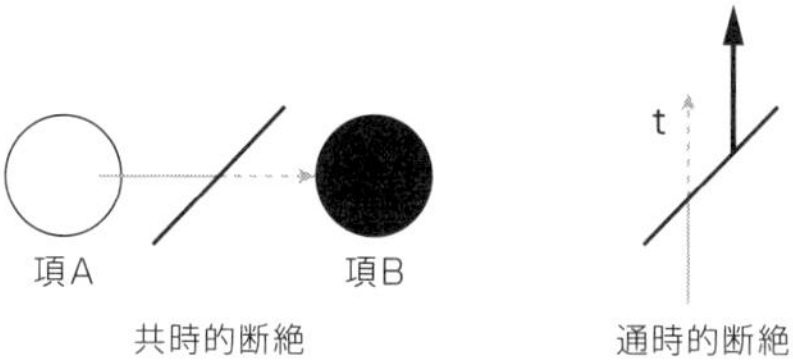

図1　断絶のふたつのタイプ

あいだに共時的断絶が走っている場合、項Aにとって項Bは認識の光が届かない暗黒となる。それは、カプーアの「空虚《ヴォイド》」のように、対峙する者を魅惑するだろう。第I部では、こうした断絶について論じている哲学者として、グレアム・ハーマンが中心的な役割を担う。ハーマンは、あらゆる対象のあいだに強力な断絶が走っているのだと考える。対象とは、たがいの直接的な関係から引きこもったブラックボックス的な存在なのである。これに対して、ハーマンが「関係主義」の哲学者とみなすアルフレッド・ノース・ホワイトヘッドの哲学においては、あらゆるものが絶えず直接的に関係しあう。関係が切断された暗黒的な世界（ハーマン）か、関係の糸が飛び交う光の世界（ホワイトヘッド）か。この両者の対立が第I部の軸となる。

断絶のふたつ目のタイプに移ろう。ふたつ目は、通時的（時間的）断絶である。第II部であつかわれるのは、こちらのタイプの断絶だ。共時的断絶においては（少なくとも）ふたつの項が必要であった。だが、通時的断絶においては、項はひとつあれば良い。あるひとつの項の通時的な同一性に走る断絶が、通時的断絶である。この場合、断絶線は、ある項それ自身の過去と未来のあいだに引かれる。通時的断絶は、あるものがそれ自身においてとつじょ破壊的に変貌してしまうことだと言える。この意味において、本書は通時的断絶を「破壊」という概念でとらえなおす。いま現に存在している事物や世界、わたし自身などが、破壊をつうじて、想像を越えた未知のXに変貌してしまうのだ。破壊とは、ある存在者そのものをとつじょ暗黒に変貌させる出来事だと言えるだろう。第II部では、こうした破壊について論じている哲学者として、カンタン・メイヤスーが中心的な役割を担う。メイヤスーにしたがえば、この世界のあらゆるもの、つまり個々の事物や世界そのもの、さまざまな法則などは、たまたま現にあるようなあり方で存在しているにすぎない。現在のあり様は、まったく偶然的なものだ。まさにそれゆえに、そうしたあり様は、いかなる理由もなしにとつじょ別様になりうるのである。しかも、想像も思考もできないようなあり様にさえ変貌しうる。メイヤスーのこうした議論を踏まえて、破壊の可能性、言い換えれば、未来方向の暗黒化可能性について探求するのが第II部の試みだ。

2　本書の方法について――哲学はスイングバイによって思考の深宇宙へ飛び立つ

哲学とはなにか

さて、ここでプロローグ前半は終了である。本書が探求する内容のおおよそのイメージはお伝えできたと思う。本書の哲学的探求にすぐさま飛び込みたいと思った読者は、このさきを飛ばして本論を読んでいただいても問題ない。本書の各章は、わたしがこれまでさまざまな媒体で書いてきたものだ。それなりに意図された順番で配置されているが、元々はそれぞれが独立した論稿なので、あなたが気になるところから読んでいただければ良い（読みやすさという観点で言えば、第1、2、6、9章がおすすめだ）。読書という行為において、あなたを縛るものはなにひとつない。自由に読んで、自由に哲学的想像力を働かせれば良い。わたし自身も、これまでそのようにして読解作業を積み重ね、本書に収録された各論稿を書き連ねてきた。テクストを読みつつ、そこから自由に飛び立っていくこと。それこそが哲学の営みだと思う。ここからさきのプロローグ後半では、本書が依拠するこうした哲学的方法について考察することにしたい。

そもそも哲学とはなにか。哲学するとは、どういったことをする行為なのだろうか。哲学は多様な営みであり、哲学とはなにかという問いには人それぞれの答えがあるだろう。この問いは、それ自体がひとつの哲学的議論の対象となりうる問いでさえある。

哲学の本質をめぐってなされる、よくある対立をふたつ取り上げよう。

ひとつ目は、哲学の方法にかんする対立である。哲学をするとは、自分の哲学をつくることなのか、あるいは、他人の哲学を解き明かすことなのか。多くの人たちが哲学に対して持つイメージは、前者のほうだろう。自分自身の言葉を武器にして、この世界の謎に立ち向かう。それが哲学をつくるということだ。ところがこれに対して、哲学の「専門家」がじっさいにやっていることのほとんどは、後者のほうである。いわゆる「ついて論文」を書いて、過去の哲学者の思想を解き明かす。それは、哲学というよりも、むしろ哲学研究と呼びうるようなものだ。哲学の「専門家」になるためには、自分の哲学をつくる能力ではなく、他人の哲学を解き明かし、適切な仕方でまとめる技量が要求される。議論の蓄積を踏まえて、過去の哲学者の思想を掘り起こすことこそが、哲学のプロ

	哲学は役に立つ	哲学は役に立たない
自分の哲学をつくる	I	II
他人の哲学を解き明かす	III	IV

図2　哲学とはなにかマトリックス

の仕事だ。後者の立場はそう考える。

対立のふたつ目は、哲学の有用性にかんするものである。つまり、哲学は役に立つという主張と、役に立たないという主張の対立だ。一般に、人文科学は自然科学と比べて役に立たないと思われている。人文科学のなかでも、とりわけ哲学は、役立たずランキングの上位に入る学問だろう。哲学は、難解な概念をつくりだし、延々とおなじ問題について語りつづけるだけで、現実の問題に役立つ明確な答えをいっこうに提示してくれない。そんなイメージを持たれているかもしれない。これに対して、哲学の有用な部分を打ち出すこともできる。哲学は役に立つ、という主張だ。問題を論理的に思考し、他人と対話するという力が哲学にはある。この力は社会変革やビジネスにとって有用である、というわけだ。

さて、以上のふたつの対立（方法にかんする対立と有用性にかんする対立）をかけあわせることによって、四つの立場を導くことができる。「哲学とはなにかマトリックス」の完成だ（図2）。本書は、IIの立場（自分の哲学をつくる×哲学は役に立たない）を取る。まずさきに、それ以外の立場について確認しておこう。

Iの立場（自分の哲学をつくる×哲学は役に立つ）を取る人は、たとえばこんなふうに考えるだろう。哲学とは、アカデミズムの殻に閉じこもってテクスト読解ばかりをやることではない。自らの言葉で現実的な問題について考え、有益な答えを出すこと。それが哲学だ。これに対して、Ⅲの立場（他人の哲学を解き明かす×哲学は役に立つ）を取る人は、たとえばこのように考えるかもしれない。現代の問題に対する処方箋は、むしろ過去の偉大な哲学者の思考のうちにこそある。テクスト読解をつうじて、有用な概念を引き出すことが重要だ。しかし、Ⅳの立場（他人の哲学を解き明かす×哲学は役に立たない）を取る人からすれば、Ⅲの立場が考えるようなテクスト読解は不純なおこないである。現代の利害関心を持ち込むことなく、無関心な態度でテクスト読解をすること。脆い遺跡を発掘するような慎重な手際で、過去の哲学者の考えを掘り起こすこと。それこそがプロの哲学者の仕事だ。Ⅳの立場を取る人は、たとえばこのように考えるかもしれない。

これらに対して、本書はⅡの立場を取る。哲学をするとは、自らの哲学をつくることだ。それによって、この現実世界を圧倒的な仕方で相対化し、有用性の視点を一気に振り切る。哲学はスイングバイによって思考の深宇宙へ飛び立つ。わたし自身が考えるこうした哲学のあり方について見ていくことにしよう。

哲学のテクストを読み解く三つの仕方

永井均、入不二基義、ホワイトヘッド、ハーマン、メイヤスー。わたしはこれまで、こうした哲学づくりの巨匠たちによって書かれた哲学書を好んで読んできた。わたしは、彼らがおこなうような創造的な語りこそが哲学であって、他人の哲学を読み解いて紹介する行為はあくまでもそのための準備作業である、と考える。哲学とは、つねに新たにつくりだされるものだ。

とはいえ、哲学をつくるためには、他人の哲学的テクストを読み解くことも重要になる。無から自分の言葉のみで哲学的な思索を展開するよりも、他人の哲学的概念を利用したほうが、はるかに効率的な仕方で深い思考へ潜ることができるだろう。さらには、それによって、安全でまっとうな哲学研究に見せかけることもできる。テクスト読解の技を身につけ、過去の哲学者にかんする「専門家」になれば、アカデミズムのうちに居場所をつくることが可能になる。

では、どのようにしてテクストを読むのか。哲学的テクストを読み解く仕方を、ここで三つのタイプに分類しよう。「宇宙探査的読解」、「テラフォーミング的読解」、「スイングバイ的読解」の三つだ。順番に確認していこう。

まず、宇宙探査的読解について。これは、テクストの遠さを維持しながら、たんに解明することだけを目的におこなう読解である。テクストという天体のまわりを宇宙探査機のように周回し、データをあつめ、その全体像を報告する。独自の主張は極力せずに、テクストそのものに含まれた意味を慎重に取り出す作業。哲学研究における王道的な読解方法だ。

これに対して、テラフォーミング的読解は、テクストの遠さを破棄してしまう。遠さゼロ。自らの主張とテクストを一体化させながら読解する。それは、過去の哲学者を（良くない仕方で）「推し」にしてしまうような読み方だ。テクストのうちに自分自身の考えを投影し、その側面のみをなかば強引に強調する読み方だと言える。それは、テクストという天体に降り立ち、そこを自分にとって好都合な環境につくりかえるテラフォーミングのような読解方法である。

こうしたテラフォーミング的読解には深刻なデメリットがある。主張と読解が不可分であるため、王道的な哲学研究をする人によって「そのようには読めない」と反論された場合、テクスト読解の正当性とともに主張の正当性も危機に陥ることになる。主張と読解は切り離したほうが良いだろう。

そこで、スイングバイ的読解だ。スイングバイとは、天体の重力を利用して宇宙船の運動方向や速度を変更する技術である。哲学的テクストという天体の核には、哲学的概念がある。哲学的概念とは重力の塊である。スイングバイ的読解は、ある概念の重力にいったんは引き込まれつつ、その力を利用して、そこからさらに深い思考へ飛び立っていくことを目指す。まずは、先人が生み出した哲学的概念の特徴を端的に整理する必要がある。不要な要素は削ぎ落とし、概念の本質的部分をとらえるように読み解く。そして、その概念との差異化をつうじて、自らの主張を展開する。先人による概念の不十分な点を補い、アップデートされた新たな概念を創造しても良いだろう。

スイングバイ的読解は、テラフォーミング的読解と異なり、テクストの遠さを維持する。前者にとって、テクストに書かれていることは、あくまでも他人の考えである。そこからはただ推進力だけを借用して、さらに遠くへ飛び立つことが目指される。主張は、偉大な哲学者の名を借りてなされるのではなく、自らの名においてなされるのだ。スイングバイ的読解は、哲学的概念の重力から得た推進力によって、思考のさらなる深宇宙へ飛び立ち、新たな哲学をつくりだすことを目指す。

わたしは、スイングバイ的読解こそが哲学のもっとも適切な方法だと考えている。わたし自身もそのような仕方で哲学をしてきたし、さきほど列挙した哲学者のなかで言えば、とりわけハーマンはそうした方法によって自らの哲学をつくりあげているように思う。ハーマンは、マルティン・ハイデガーの研究から出発したが、すでに最初の著作において意図的にハイデガーから離反し、新たな形而上学の打ちたてを宣言している。ハーマンは、そうした自らの研究スタンスについて、つぎのように述べている。

先人に払うことが可能な最高の敬意とは、彼らの言葉や身振りを延々と模倣しつづけることではない。むしろ、彼らをなにかべつのものの先駆者へと変えてしまうことだ(2)。読解をつうじて、過去の哲学者自身には考えつきもしなかった新たな方向へと思考を進めること。これこそが、その哲学者に対する最高のリスペクトなのである。

飛行機のフライトから、宇宙船のスイングバイへ

ホワイトヘッドは、主著『過程と実在』の最初の章で、哲学の方法論について論じている。その方法は、「思弁哲学」(speculative philosophy)と呼ばれる。この方法に対してスイングバイ的読解を試み、わたしが考える哲学のイメージをさらに詳しく示すことにしたい。

ホワイトヘッドが思弁哲学という方法をつうじて目指すのは、わたしたちが経験するあらゆることがらを説明可能な形而上学的体系を構築することである。では、どのようにしてそんな大それた体系をつくりあげるのか。ホワイトヘッドは、その方法を「飛行機のフライト」にたとえて、つぎのように述べている。

真の発見方法は、飛行機のフライトのようである。それは特殊な観察という大地から出発し、想像的一般化という希薄な空中を飛行する。そして、ふたたび大地へと降り立ち、合理的解釈によって鋭くなった観察力によって、新たな観察をおこなうのである。[3]

経験されることがらをただ観察しているだけでは、形而上学的体系を構築することはできない。ホワイトヘッドにしたがえば、そこには大胆な思弁の働きによる想像的一般化が必要となる。特殊な経験内容を離れて、観察された事実をもとに一般的な概念を練りあげなければならない。そして、それをもちいてふたたび経験的なことがらを観察しなおす。ホワイトヘッドは、こうした過程を飛行機のフライトにたとえているのである。経験という大地を飛び立ち、上空の一般性の領域を飛行し、ふたたび大地に舞い降りる。思弁哲学は、この循環・円環運動によって概念の一般性を徐々に高めていき、形而上学的体系の構築を試みる。

以上が、ホワイトヘッドが考える哲学的な方法論だ。わたしはこれに対して、経験と一般性のあいだにある円環を引き裂くような方向で考えたい。本書の哲学的思弁は、経験を離れ、一般的・抽

（2）Graham Harman, *The Quadruple Object*, Winchester: Zero Books, 2011, p. 94〔グレアム・ハーマン『四方対象——オブジェクト指向存在論入門』岡嶋隆佑監訳、山下智弘・鈴木優花・石井雅巳訳、人文書院、二〇一七年、一四九頁〕.
（3）Alfred North Whitehead, *Process and Reality*, New York: Free Press, 1978, p. 5〔アルフレッド・ノース・ホワイトヘッド『過程と実在』上／下、山本誠作訳、『ホワイトヘッド著作集』第一〇／一一巻、松籟社、一九八四／一九八五年、六頁〕.

象的な領域へと一直線に向かう。経験の大地にけっして戻ることなく、まっすぐと思考の深宇宙に飛び立っていく。円環ではなく直線のイメージへ。ふたたびおなじ比喩をもちいれば、哲学は、飛行機のフライトではなく、宇宙船のスイングバイのように進展する。

ホワイトヘッドが考える「飛行機のフライト」は、経験と一般性のあいだでの円環運動にもとづく。それゆえ、ホワイトヘッドが構築する形而上学的体系は、どうしても経験可能性に縛られてしまう。経験とは無縁なもの、わたしたちには経験不可能な端的なカオスが生じる可能性は、方法論のレベルであらかじめ排除されてしまっているのだ(4)。

これに対して、宇宙船としての哲学的思弁は、経験の重力を振り切り、地球の外へと一直線に飛び出していく。哲学的概念の重力から推進力を得るスイングバイによって、思考の深宇宙へ向けて一気に加速する。このようにして哲学的思弁が向かう深宇宙には、ハーマンが強調する「怪奇さ」(weirdness) や「奇妙さ」(strangeness) が満ちあふれている。ハーマンは、哲学を常識や生真面目さのための承認機関とみなす考え方に反対する。古代ギリシア以来、哲学には奇妙な概念があふれている。そうした奇妙さを追求することこそが哲学の営みなのである(5)。じっさいハーマンが描くのは、ひじょうに奇妙なあり方だ。ハーマンにしたがえば、この世界のあらゆる対象は、ただ表面だけを垣間見せ、プライベートな闇の奥底にひっそりと隠れ潜んでいるのである。

経験にもとづく常識から、奇妙さへ。哲学的思弁は、奇妙さが充満する思考の深宇宙へまっすぐに飛び立つ。この宇宙冒険は、わたしたち自身を常識の次元から引き離し、宇宙人に変えてしまうだろう。哲学するとは、宇宙人になることだ。

宇宙人になるということ。この比喩でわたしが思い起すのは、古東哲明が著書の冒頭で語っていたある逸話である。古東は、よく他人から「エイリアンのようですね」と言われる、という自らの逸話を披露し、つぎのようにつづける。

哲学とは、クセノス（異邦人・異星人・客人）のような目で、この世を感じ、考え、生きなおすこと。まるで月から落ちてきたような眼で——つまりまったくこの世とは異質な《外からの視線》で——、この世の存在に驚き、漆黒の宇宙空間のなかに展開する地上のいのちのいとなみに、眼を奪われること。〔…〕そういってよいのかもしれない。(6)

古東は、「月から戻ってくる宇宙飛行士のようまなざし」、「エイリアンのような態度(7)」でこの世界を見つめなおすことこそが哲学だと主張する。しかし、そうした眼差しは、わたしたちの生を現に成り立たせている構造（たとえば「存在」など）を神秘化し、賛美することにつながってしまうだ

（4）飯盛元章『連続と断絶——ホワイトヘッドの哲学』人文書院、二〇二〇年、一八七-一八八頁参照。
（5）Cf. Graham Harman, "On the Horror of Phenomenology: Lovecraft and Husserl," in *Collapse*, vol. IV, 2008, pp. 333-334〔グレアム・ハーマン「現象学のホラーについて——ラヴクラフトとフッサール」飯盛元章・小嶋恭道訳、『ユリイカ』二〇一八年二月号、青土社、一五八-一五九頁〕.
（6）古東哲明『現代思想としてのギリシア哲学』ちくま学芸文庫、二〇〇五年、一〇頁。
（7）同書、三三頁。

ろう。

これに対して、わたしが考える哲学的思弁は、ただたんに宇宙人となることを目指す。古東が述べるように「《外からの視線》」を獲得しても、そのままいっさい振り返ることなく、さらなる外へと飛び立っていく。日常的に経験する常識的なあり方を振り払い、思考の深宇宙にあふれる奇妙さそのものをただひたすら享受するのだ。こうした営みとしての哲学が、なんらかの社会的有用性を持つことはないだろう。哲学は、まったく役に立たない営みである——思考を純粋にワクワクさせ、興奮をもたらすという効果を除いては。

宇宙冒険録としての本書

まとめよう。哲学とは、日常的な見方から離れ、怪奇さが満ちあふれた思考の深宇宙へまっすぐに飛び立っていく営みである。その推進力は、既存の哲学的概念に対するスイングバイ的読解をとおして獲得される。

わたしは、このスイングバイ的読解をおもな方法とし、これまでいくつかの論稿を書いてきた。本書はそれらをまとめたものであり、いわば思考の深宇宙への冒険録である。プロローグの最後に、この宇宙冒険録の「注意点」と「活用法」について示しておこう。

まずは注意点について。比喩なしに率直に言えば、本書には重複する議論が所々含まれている。本書に収録された論稿は、それぞれがまったくべつの機会に執筆されたものである。そのため、議論に不可欠な哲学的概念について、そのつど新たに説明しなおす必要があった。そうした論稿をまとめることによって生じた議論の繰り返しに、鬱陶しさを感じる読者もいるかもしれない。

この経緯を「スイングバイ」の比喩によって表現しなおせば、こういうことになる。ホワイトヘッドやハーマン、メイヤスーといった哲学者たちの概念は、わたしが思考の深宇宙へ冒険するさいにかならずそこを経由して、その重力を借用しなければならない天体である、ということだ。わたしは、いつもこれらの巨大な天体の重力を利用することによって、思考の深宇宙へと飛び立っている。そして、そのつどの目的地へいたり、冒険はいったん終了となる。新たな冒険は、絶対的な出発点、リスポーン地点である地球からふたたびはじまる。そこから、再度おなじみの天体を経由して、また新たな目的地へと加速していくのである。

こうした経緯から、本書は全体をとおして見ると、おなじ哲学者のおなじ概念にかんする説明が繰り返しなされていることになる。もちろん、そうした重複を取り除き、ひとつの大きなストーリーにつくり変えることもできたかもしれない。しかし、それは複数形の小さな冒険たちを、あたかも単数形の大冒険であったかのように偽ることである。本書は、むしろ冒険の複数性をそのまま保存したものとなっている。

つぎに、本書の活用法について述べておこう。わたしは、スイングバイ的読解をつうじて独自の哲学的方向へ飛び立つことを模索してきた。とりわけ第II部に収録された論稿では、そうしたことが意識的におこなわれている。そこではおもに、メイヤスーの「あらゆるものを破壊しうる時間」という概念の重力を活用し、「破壊の形而上学」という新たな哲学的方向へ飛び立つことが試みられている。しかし、「あなたの哲学なんかに興味はない」と感じる読者もいるかもしれない。そうした読者は、本書を哲学的概念のコンパクトな解説書として活用すれば良い。

スイングバイ的読解において重要なことは、先人の哲学的概念を可能な限りクリアに整理する点にある。対立軸となるような論点をはっきりと示すことができれば、そこから強い推進力を得ることが可能になる。逆に、あいまいな仕方で整理をすると、そこから推進力を得ることはできなくなってしまう。「この概念は○○である。しかし、新たな資料によれば××だとも言える。とはいえ、△△だと指摘する研究もあり…」という調子だと、いつまでも自説へ向かう推進力を得ることはできない。本質的だと思われる要素をピックアップし、その他の要素を削ぎ落とす決断が必要だ。

本書はこうした仕方で、先人たちのさまざまな概念についてコンパクトな整理を試みている。現実的存在、抱握、合生、空虚な現実態、実在的対象、退隠、魅惑、フラットな存在論、「無縁」の原理、資本主義リアリズム、相関的循環、あらゆるものを破壊しうる時間、中断された思弁、アクターを追え、破壊的可塑性、移行的怒り、権能なき赦し、動物になること、ライプニッツ原理……。読者は、これらの概念についてコンパクトな理解を得ることができるだろう。


さて、以上であらかじめお伝えすべきことはすべてお伝えできたと思う。本書そのものがひとつの重力の塊となって、あなたを新たな思考の深宇宙へと吹き飛ばすことができたらならば、著者としてうれしい限りである。それでは、良い冒険を!

I

わたしたちは
すべてを
認識できない

――断絶

第1章　関係の糸を引き裂き、自由な存在を撒き散らせ

わたしたちは、自立した徹底的な個としての存在なのか。あるいは、他のものたちとの絆なしには存在しえない、どこまでも関係的な生き物なのだろうか。本章は、関係と無関係の思想をめぐって展開される。まず議論の導入として、恋愛関係を手がかりにする。そして、最終的に議論を一気に一般化し、この宇宙に散らばるあらゆるタイプの存在者どうしの関係について論じる。

一方には、〈実在はたがいに依存し緊密に関係しあっている〉という思想があり、他方には、〈実在はたがいに独立し無関係である〉という思想がある。本章の積極的な主張は後者にもとづく。関係の糸を引き裂き、自由な存在を撒き散らすこと。それが本章の目的である。

1　ムスビと乗り換え

ふたつのアニメーション作品を対比することから出発しよう。ひとつ目は、新海誠監督『君の名

は。』だ。

物語の主人公は、東京に暮らす男子高校生・立花瀧と、地方の糸守町に住む女子高生・宮水三葉《みつは》である。ある日ふたりは、たがいの身体に入れ替わってしまう。この入れ替わりの出来事はたびたび生じ、ふたりは周囲の証言から、これがたんなる夢ではなくじっさいに起こっていることだと気がついていく。その後ふたりは、入れ替わりのさいにメモを残してコミュニケーションを図り、しだいに打ち解けていくことになる。

ここで着目したいのは、物語の重要概念である「ムスビ」だ。三葉の祖母は、三葉（に入れ替わっている瀧）に対して「「ムスビ」って知っとるか?」と問いかけ、つぎのようにつづける。

土地の氏神様をな、古い言葉で産霊《むすび》って呼ぶんやさ。この言葉にはふかーい意味がある。糸をつなげることもムスビ。人をつなげることもムスビ。時間が流れることもムスビ。全部、神様の力や。わしらの作る組紐も、せやから神様の技。時間の流れそのものを表しとる。より集まって形を作り、ねじれて、からまって、時には戻って途切れ、またつながり、それがムスビ。それが時間。(1)

三葉の家系は、代々、宮水神社の巫女をつとめてきた。右のセリフにあるように、この神社では、糸守町の工芸品である組紐をつくる。ムスビ、糸守、組紐。すべて、線のイメージである。入れ替わりを経験する三葉と瀧は、ムスビという線によってつながれている。

だが、ある日を境にして、入れ替わりは起こらなくなってしまう。その理由を探るため、瀧はかすかな記憶を頼りに、じっさいに糸守町へと赴く。そこで瀧は、三葉をふくめた糸守町の人々が、じつはすでに三年まえに彗星の直撃によって死亡していたことを知る。ふたりの入れ替わりは、時間を越えて生じていたのだ。

瀧は、再度入れ替わりが起こることを願い、三年まえに奉納された三葉の口噛み酒を飲む。そして目が覚めると、三年まえに彗星が直撃した当日の三葉に入れ替わっていた。瀧は、三葉の祖母から、かつて自分も入れ替わりを経験したことがあると聞かされる。その話を聞いた瀧は、自分たちの入れ替わりは糸守の人々を彗星の直撃から守るために起こった、という確信を抱くにいたる。

瀧と三葉は、ムスビの線によってつながっている。しかも、このふたりの入れ替わりには、「世界を救うため」という大きな意味が存在する。新海誠の作品はしばしば「セカイ系」と称されるが、『君の名は。』もまたそうした作品であると言える。セカイ系とは、東浩紀の定義にしたがえば、「主人公と恋愛相手の小さく感情的な人間関係（「きみとぼく」）を、社会や国家のような中間項の描写を挟むことなく、「世界の危機」「この世の終わり」といった大きな存在論的な問題に直結させる想像力」[2]によって生み出された作品を指す。瀧と三葉は、まさに「世界の危機」を救うために出会った。糸守の町を守るために入れ替わった瀧と三葉。ふたりをつなぐムスビの線は、必然的な運

（1）新海誠『小説 君の名は。』角川文庫、二〇一六年、八七‐八八頁参照。台詞は劇場版より引用。
（2）東浩紀『ゲーム的リアリズムの誕生――動物化するポストモダン2』講談社現代新書、二〇〇七年、九六頁。

命の糸である。

このムスビの強度は、物語の終盤にしかけられた忘却と喪失感という装置によって最高潮に達する。ふたりの働きによって、糸守の人々は救われた。しかし、それぞれの身体に戻ったふたりは、入れ替わりの記憶をなくし、たがいの名前も忘れてしまう。物語の終盤では、なにか大事なものを忘れているという喪失感を抱きながら、日々を送るふたりが描かれる。きみが不在であるからこそ、それへの渇望は強まり、ムスビの強度は増していく。

これと類似した構造は、新海のべつの作品『秒速5センチメートル』にも見て取ることができる。同作でも、序盤できみとぼくとの特別な関係が描かれ、中盤以降では、不在のきみの影にとらわれながら空虚な生を送りつづけるぼくが描かれる（ただし、『秒速』が最後までストイックに喪失状態に留まりつづけるのに対して、『君の名は。』は最後で「きみとぼく」の再会を描き、救済をあたえている点が異なる）。

これらの新海作品に見られる「きみとぼく」の関係は、哲学用語で言えば「内的関係」にあたる。内的関係とは、関係項にとって本質的・必然的であり、項から切り離すことのできない関係を意味する。「きみとぼく」をつなぐムスビの線は、ぼくという存在そのものの本質を構成している。まさにそれゆえに、きみの不在は、ぼくに対して意味が欠けた空虚な生をもたらすのだ。

さて、ここまで新海の作品について見てきた。しかし、そこで描かれているエモーションは、わたしにとって共感できるようなものではない。「ぼく」に一挙に意味をあたえ、救済をもたらすことのできる運命的・必然的関係など存在しない、と考えるからだ。ムスビの線をぶった切り、自由に生きればいい。そのように思う。

そもそも、喪失感をもたらす忘却は、ほんとうの忘却ではない。きみを忘却しているということ自体は忘却されていないからこそ、喪失感を抱くことが可能になる。そこにはほんとうの忘却が欠けているのだ。むしろ、きみのことを端的に忘却すればいい。ぼくはぼくであり、きみはきみで、世界は世界だ。それぞれがたがいに別個の独立した実在性を持つ。そうした者たちが、たまたま出会っているにすぎない。だから、いつだって自由に別れ、まったくべつの新たなきみと自由につながることができる。こうしたドライな間柄にこそ、むしろ深いつながりが見いだせるのではないか。そのような予感がある。

ふたつ目のアニメーション作品に移ろう。新海の作品に見られる関係性とは対照的なあり方を描いたものとして、西尾維新原作の〈物語〉シリーズを挙げることができる。男子高校生・阿良々木《あららぎ》暦と、怪異にかんするトラブルを抱えた少女たちとの物語だ。

阿良々木暦が、恋人の戦場ヶ原ひたぎに電話をかけるシーンがある。(3) その会話のなかで阿良々木は、「僕よりも条件の良い奴がお前に告白してきたら、そのときどうする?」と聞く。それに対して戦場ヶ原は、「そのときは100%乗り換えると思う」と即答する。そして、「絆に絶対なんてないことを私は知っている」と語りだす。

乗り換え可能な関係。それは「外的関係」である。外的関係とは、関係項にとって偶然的であり、項から切り離すことが可能な関係を意味する。それは、絶対的な絆ではない関係だ。阿良々木と戦

(3)『終物語』アニメ版、しのぶメイル 其ノ陸。

場ヶ原とのあいだには、そうした関係がある。権利上、つねに乗り換え可能な関係。むしろそれゆえにこそ、ふたりはこの関係性を大事にしているかのように見える。

ところで〈物語〉シリーズのうちには、ほかにも多くの外的関係が散りばめられているように思われる。たとえば、アロハシャツを着た中年男性・忍野メメは、「人は一人で勝手に助かるだけ」が口癖だ。怪異の専門家である忍野の元に、怪異のトラブルを抱えた戦場ヶ原が助けを求めにやって来るシーン。そこで忍野は、「助ける？ そりゃ無理だ。きみが勝手に一人で助かるだけだよ、お嬢ちゃん」と返答する。(4) 忍野と、彼に「助けられる」人たちとのあいだにあるのは、ひじょうにドライな外的関係だ。

忍野は重要人物でありながら、〈物語〉シリーズの最初の作品である『化物語』以降では、ほとんど登場しなくなる。アニメの表舞台とは無関係な外部へと姿を消してしまうのだ。アニメ・シリーズの舞台そのものからの「乗り換え」をしているとも言える。だが、シリーズの重要なシーンでは、ふたたび阿良々木たちのところに舞い戻ってくる。(5) 自由な乗り換えをこなすキャラクターだ。

〈物語〉シリーズに特徴的なのは、ミクロな乗り換えがつぎつぎと生じることによって、全体のストーリーが進展していく点だ。そもそも忍野に限らず、〈物語〉シリーズに登場するあらゆるキャラクターたちが自立的である。多くのキャラクターたちは、描かれていないところでなにをしているのかまったくわからない。彼ら・彼女らは、みな隠された部分を持つ。そうしたキャラクターたちがたまたま出くわし、意味深な会話をすることによって、物語が進展していく。〈物語〉シリーズの進展を支えるのは、このような無数の遭遇、ミクロな乗り換えである。一本のムスビが強力な情緒的展開を生み出す『君の名は。』とは、まったく異なっている。

ムスビから乗り換えへの「乗り換え」。本章が目指すのは、こうした方向性だ。

2 「無縁」の原理――無縁・公界《くがい》・楽《らく》・ヤックル

べつの参照軸に乗り換えよう。

ムスビという縁を断ち切り、自由な乗り換えを可能にするもの。それはかつて「縁切寺」と呼ばれた。歴史学者の網野善彦は、『無縁・公界・楽』のなかで、江戸時代の縁切寺をはじめ、日本におけるさまざまなアジール（避難所）を考察し、そこに「「無縁」の原理」というものを見いだしている。

江戸時代においては、現代と異なり、女性には離婚の権利が認められていなかった。(6) 他方で夫は、自由に離婚を言い渡す権利を有していた。妻は、特別な事情を除き、自ら離婚することが許されて

（4）『化物語』アニメ版、ひたぎクラブ 其ノ壹。
（5）『終物語』アニメ版、おうぎダーク 其ノ參。
（6）網野善彦『［増補］無縁・公界・楽――日本中世の自由と平和』平凡社ライブラリー、一九九六年、二一―二二頁参照。

いなかったのである。そこで、夫との絶縁を望む女性は縁切寺へと駆け込んだ。その敷地に、身につけたものをなんであれ投げ入れたとたん、追手は手出しができなくなる。そうした寺のしくみがあったのである。

網野はこのようなアジールの事例を、江戸時代から戦国期、古代へと歴史をさかのぼって収集する。それらは「無縁」、「公界《くがい》」、「楽《らく》」といったさまざまな言葉で表現されているが、網野はそこに「「無縁」の原理」という一貫したものを見いだす。「無縁」の場に立ち入ったものは、たとえ罪人であっても、一切の世俗の縁から断ち切られ、自由に生きることが許された。「無縁」の場は、それ自体が世俗の縁から断ち切られているのだ。そして、そこに立ち入った者もまた、縁が断ち切られることになる。縁を切断し、自由な存在へと変貌させる力。それが「無縁」の原理だ。

網野は、場所だけでなく、ある種の人々のうちにも「無縁」の原理を見いだす。とりわけ強調されるのは、「職人」や「芸能民」だ。(7) こうした人々は、さまざまな集団のあいだを自由に遍歴する。(8) 彼らがなににも属さない「無縁」の者であったからこそ、そうした遍歴が可能になったのである。

以上の点を、網野自身の言葉によって確認しておこう。『無縁・公界・楽』の中間地点にあたる第一一章では、「無縁」の特徴があらためて整理されている。全部で八つの特徴が挙げられるが、(9) ここではとくに五つ目の特徴を確認しておくことにしたい。五番目の特徴として掲げられるのは、「私的隷属からの「解放」」である。網野は、いくつかの文献を引用したあとでつぎのように述べる。

〔…〕これらの文言は、私的な主従関係、隷属関係が、無縁・公界・楽の場には及び難いことを明らかに示している。だからこそ、公界の場は、主持の武士が住むことを拒否しえたのであり、また下人・所従、あるいは欠落ち百姓の走入る場となりえたのである[10]。

あらゆる隷属関係が断ち切られた場が「無縁」の場だ。しかもその特徴は、場だけのものではない。人に即しても同様である。公界者・公界往来人は、大名、主人の私的な保護をうけない人々、私的な主従、隷属関係から自由な人々であった[11]。

（7）「とすれば、「無縁所」と「芸能」「職人」とは、切り離し難い関係にあり、また「芸能」民と無縁の原理も深い関わりがある〔…〕」（同書、四五頁）。

（8）「平安末から鎌倉〜南北朝期にかけて、「職人」の特徴の一つは、いまのべたように、広範囲にわたって遍歴するところに求められる。当時、農業と非農業とは、すでに大きく分化していたとはいえ、非農業的生産、手工業、狭義の芸能、商業等々は、まだ十分に分化しておらず、遍歴・行商は「職人」が生計をたてるために必須の条件だったのである」（同書、一七八頁）。

（9）網野は、「無縁」、「公界」、「楽」の特徴として、つぎの八つのものを挙げている（同書、一一〇 - 一一八頁）。⑴不入権、⑵地子・諸役免除、⑶自由通行権の保証、⑷平和領域、「平和」な集団、⑸私的隷属からの「解放」、⑹貸借関係の消滅、⑺連坐制の否定、⑻老若の組織。

（10）同書、一一四頁。

（11）同書、一一五頁。

「無縁」の人もまた、「無縁」の場と同様に、私的な隷属関係から断ち切られた存在であった。彼らは、忍野メメの言葉で言えば、「人は一人で勝手に助かるだけ」という外的関係の世界を生きる人々だ。彼らは、自由な存在だったのである。

網野は、膨大な資料を引用し、綿密に証拠を重ねることによって、「無縁」の原理という一般原理が日本の歴史のうちに根付いていたことを実証的に描きだす。だが『無縁・公界・楽』の最終章では、そうした実証的な作業から一気に解放されたかのように、抽象的で大胆な仮説を提示している。網野は、「無縁」の原理が日本人だけでなく人類一般のうちに息づくものであるという見通しをたて、その発展・衰退の段階を描きだす。興味深い仮説なので、簡単に確認しておこう。

まず第〇段階として、「原無縁」の段階がある。人類のもっとも原始の段階では、「無縁」と「有縁」は未分化であり、「無縁」の原理は潜在的な状態にとどまる。そこから、「無縁」の原理による「自覚化の過程[12]」をとおして、徐々に「無縁」／「有縁」の区別が生まれてくる。これが、第一段階だ。この段階は、「聖的・呪術的段階」と呼ばれる。そこでは、「無縁」の原理は、呪術的なものとして、また神々に結びついた聖なるものとして現出する。

ここからさらに、「無縁」の対立項である「有縁」の側が国家という組織を生み出し、それによって「無縁」の側にも組織化が浸透するようになる。これが、第二段階の「実利的な段階」である。網野は、つぎのように述べている。

「原無縁」の衰弱の過程は、ここにいたって本格的にはじまるが、それとともに、「無縁」の原理の自覚化の過程も進むのである。アジールの第一段階、「原無縁」の色、なお著しく濃い、聖的・呪術的なアジールと、広範に重なり合いつつ、第二段階のアジール、実利的なアジールが出現するとともに、自覚化された「無縁」の原理は、さまざまな宗教として、組織的な思想の形成に向っての歩みを開始する。(13)

第一段階では、原始の「原無縁」はまだ鳴り響いていたが、第二段階にいたってその共鳴が弱まり、それとともに「無縁」の原理は組織化された構造を持つにいたる。それが、「無縁」、「公界」、「楽」と呼ばれた組織的なアジールである。

だがこれは、すでに第三段階である「終末の段階」へのはじまりでもある。「「有主」「有縁」の世界を固めた大名たちによる、「無縁」の原理のとりこみはより一層進行し、国家権力の人民生活への浸透も、ますます根深いものになってくる(14)」と網野は言う。国家権力の側、「有縁」の側からすれば、自らの支配の空白地帯である「無縁」の場を放置しておくことはできない。それゆえに「無縁」の場は、「有縁」の世界の権力者たちによって徐々に取り込まれていってしまう。

当然ながら、現代にはこうしたアジールは存在しない。犯罪者であったとしてもそこへ駆け込め

(12) 同書、二四三頁。
(13) 同書、二四五頁。
(14) 同書、二四六頁。

ば、すべてがチャラになってしまうような法の空白地帯。そういったものを抹消し、すべてを法のネットワークのうちに取り込むことによって成り立っているのが、近代以降の社会だ。

以上、網野の「無縁」の原理について確認してきた。こうした「無縁」を具体的なイメージによって表現したものとして、宮崎駿監督『もののけ姫』を挙げることができるだろう。[15]『もののけ姫』が描くのは、「無縁」の原理が生き生きと満ちた中世の世界だ。

とりわけ、タタラ場はアジールそのものである。劇中のタタラ場には、銃製造の技術を持つハンセン病患者や、世俗の世界に行き場をうしなった多くの人々が住む。彼らはみな、世俗の縁を断ち切り、製鉄という職人的な仕事に従事する。タタラ場は、「無縁」の原理を体現したユートピアだと言える（余談だが、『君の名は。』の劇中に映る「糸守の文化」によれば、じつは糸守町にはかつて「蹈鞴《たたら》製鉄場」があった。糸、ムスビ、縁を象徴する糸守町は、かつては「無縁」を象徴するタタラ場でもあったのである）。

『もののけ姫』のうちには、他にもさまざまな「無縁」を見いだすことができる。とくにヤックルの存在は重要である。主人公の少年アシタカは、カモシカのようなこの動物に乗って旅をする。アシタカが、なににも属さない「無縁」の人として、あらゆる存在のあいだをかけまわることを可能にするのは、ヤックルの存在である――無縁・公界・楽・ヤックル。

しかも、ヤックル自身もまた「無縁」の存在であると言える。ヤックルは、アシタカに飼いならされた、たんなる家畜ではない。自ら判断し、自らの意志で行動しているように見える。山犬に育てられた「もののけ姫」サンが、ヤックルに対して「好きなところへ行き、好きに生きな」と語りかけるシーンがある。それでもヤックルは、自らの意志でアシタカとともに行動しているのである。

とはいえ、「無縁」の存在であるヤックルとアシタカの関係は、乗り換え不可能な絶対的な絆ではない。物語の終盤でアシタカは、負傷したヤックルを残し、山犬に乗り換えて、サンのもとへと向かっていく。

サンとアシタカの関係も、「無縁」の存在どうしの関係だと言える。それは、『君の名は。』における三葉と瀧の関係のように、運命の糸・ムスビによって緊密に結ばれたものではない。物語の最後、アシタカは、サンとの別れ際に「サンは森で、わたしはタタラ場で暮らそう。ともに生きよう」と語りかける。「無縁」という間隙によるこの距離が、ふたりの固有の関係をかたちづくっている。

劇中で最大強度の「無縁」者だと言えるのは、シシ神だ。彼は、人間と神々との争いにまったく無関心である。敵味方ということにいっさい興味がない。人間たちや森に住む神々は、シシ神のおこないになんらかの意図を読み取ろうとする。だが彼は、たんなる気まぐれによって、生き物を生き返らせたり、死なせたりしているだけなのかもしれない。なにを考えているのかまったく読み取

(15) 網野と宮崎駿が対談したものにつぎのものがある。「『もののけ姫』と中世の魅力　網野善彦氏との対談」、宮崎駿『折り返し点――1997〜2008』岩波書店、二〇〇八年、七一‐八〇頁。「アニメーションとアニミズム　「森」の生命思想　梅原猛・網野善彦・髙坂制立各氏との座談会」、同書、一一四‐一四二頁。また、網野自身はつぎの著書において、『もののけ姫』とアジールの関係について述べている。網野善彦『宮本常一「忘れられた日本人」を読む』岩波現代文庫、二〇一三年、三一‐三四頁。『もののけ姫』における網野中世史観の影響を指摘したものに、つぎの論文がある。山本ひろ子「〈瘢痕〉を失った物語――『もののけ姫』批判」、『ユリイカ』一九九七年八月臨時増刊号、青土社。

ることができない、異星人のような表情をしている。物語の終盤において、シシ神は、自分の首を奪った人間を追いかけて、山々を荒らしつくす。そして最後には、朝日を浴びて消滅してしまう。この世界との縁を完全に断ち切り、どこかへ去ってしまうのだ。
本節の主張をまとめよう。糸井重里が考案した『もののけ姫』のキャッチコピーを踏まえて言えば、それはつぎのようになる。

生きろ。「無縁」の原理を。

ムスビの縁を断ち切り、「無縁」の人として生きること。鮮やかな乗り換え、遍歴をつうじて、自由に生きること。それが、網野の「無縁」の原理を考察することによって示したかったことである。

3　空虚に封じられた非関係的実在

網野善彦の「無縁」の原理を、実在一般にかんする存在論的原理にまで高めたとすれば、それはグレアム・ハーマンの「退隠」の原理のようなものになるだろう。
ハーマンは、オブジェクト指向存在論という独自の立場にもとづいて議論を展開している、現代の哲学者である。彼が提唱するオブジェクト指向存在論とは、個体的対象《オブジェクト》を重視する立場の存在論だ。ハーマンは、その根本原理についてつぎのように述べている。

直接的なアクセスからの事物のこうした退隠（withdrawal）ないし留保（withholding）が、ＯＯＯ〔＝オブジェクト指向存在論〕の中心原理である。[16]

ハンマー、人間、製鉄所、カモシカ、木星、衝突事故、ヒッグス粒子。この世界には、さまざまな対象があふれている。そうした対象はどれも関係から独立し、それ自体において自立的に存在している、とハーマンは考える。対象は、それにじかに触れようとするあらゆる試みから退隠している。つまり、あらゆる関係から退き、自己自身のうちに隠れているのだ。[17] オブジェクト指向存在論が掲げるこの退隠の原理は、存在論的に一般化された「無縁」の原理だと言えるだろう。ハーマンにしたがえば、アジール的な場やそこへ駆け込む人間たちに限らず、この世界のあらゆるタイプの対象が「無縁」を体現している。個体的対象とは、ムスビの縁を引き裂き、自己のうちへと退隠する「無縁」者である。そうした非関係的な実在が、この世界のあちこちにあふれている。オブジェク

（16）Graham Harman, *Object-Oriented Ontology: A New Theory of Everything*, London: Pelican, 2018, p. 7.
（17）ハーマンは、退隠についてつぎのように述べている。「オブジェクト指向哲学は、たったひとつの根本原理を有する。すなわち、あらゆる知覚、因果関係からの事物の退隠だ」（Graham Harman, *Guerilla Metaphysics: Phenomenology and the Carpentry of Things*, Chicago: Open Court, 2005, p. 20.）

ト指向存在論が描くのはこのような世界観だ。
ハーマンのこの考え方をさらに詳しく見ていくことにしよう。彼は、自らの哲学的立場についてつぎのように整理している。

〔…〕わたし自身のオブジェクト指向の立場は、ハイデガーとホワイトヘッドの要素を同時に兼ね備えた建設的で体系的な哲学への最初の試みである、と言って良いだろう。あらゆる現前からの対象の退隠（withdrawal）は、わたしのモデルのハイデガー的側面であり、〈人間－世界〉という独占的関係の徹底的な解体はホワイトヘッド的側面である。[18]

ハーマンによれば、オブジェクト指向存在論には、マルティン・ハイデガーとアルフレッド・ノース・ホワイトヘッドの哲学からそれぞれ引き継がれた側面がある。ハイデガー的側面は、先ほど確認した対象の退隠にあたる。他方で、ホワイトヘッド的側面は、〈人間－世界〉という特権的な関係の解体とかかわる。この側面は、ハーマンらが展開する「相関主義」（corrélationisme）批判とも関連している。まず、この点について確認しよう。

3-1　相関主義ではなく、実在論的形而上学へ

相関主義とは、カンタン・メイヤスーが命名した概念であり、カント以降の近現代哲学において中心的な前提となってきた考え方を指す。[19] 哲学は、人間の思考と相関した世界についてのみ語りう

る。逆に、人間の思考と相関しない事物それ自体については語りえない、というのが相関主義の考え方だ。この立場に抗い、人間の思考とは相関しない、それ自体で存在するものを提示したとしよう。しかし、まさにそうした試みがなされたとたんに、非相関的な存在は、思考されたもの、思考と相関したものに転じてしまうだろう。存在は、語られたとたんに、かならず思考と相関する。「相関的循環」と呼ばれるこのような循環構造があるがゆえに、相関主義は強固な前提として哲学のうちで君臨してきたのである。

ハーマンやメイヤスーたちは、この相関主義の支配を振り切り、非相関的な存在について語ることを目指している。とくにハーマンがそうした試みにおいて重視しているのが、ホワイトヘッドの哲学だ。ホワイトヘッドは、人間だけでなく、あらゆるタイプの存在者をフラットにあつかう。この宇宙に存在するものは、みな同様に「現実的存在」（actual entity）という用語でとらえられる。ホワイトヘッドが描く宇宙において、人間は特権的な位置づけを持たない。世界を意味づける人間の思考が、背後に控えている必要はまったくないのである。ホワイトヘッドは、カント以降の哲学を支配してきた〈人間‐世界〉という特権的な相関関係を軽々と飛び越えていく。ホワイトヘッドの

（18）Graham Harman, "Response to Shaviro," in Levi Bryant, Nick Srnicek and Graham Harman (eds.), *The Speculative Turn: Continental Materialism and Realism*, Melbourne: re.press, 2011, p. 293.

（19）Cf. Quentin Meillassoux, *Après la finitude: Essai sur la nécessité de la contingence*, Paris: Seuil, 2006, p. 18〔カンタン・メイヤスー『有限性の後で――偶然性の必然性についての試論』千葉雅也・大橋完太郎・星野太訳、人文書院、二〇一六年、一五‐一六頁〕.

哲学は、数十億年まえのどこかの宇宙空間をただよう素粒子どうしの衝突を、人間の思考を背後に措定することなく語ることができる。人間的思考の死角で、さまざまなタイプの現実的存在がそれらどうしで勝手に相互作用を繰り広げる宇宙。ホワイトヘッドの哲学が描くのはこうしたあり方だ。

ハーマンは、ホワイトヘッドがこのように相関主義の支配とは無関係に大胆な実在論的形而上学を展開している点を高く評価する。しかし、その一方で、ホワイトヘッドの哲学には先ほど確認した退隠の側面（ハイデガー的側面）が欠如している。ホワイトヘッドにしたがえば、この世界に散らばるあらゆる現実的存在は、他の現実的存在との緊密な関係によって存立する。ハーマンは、ホワイトヘッド哲学におけるこうしたあり方を「関係主義」（relationism）と呼び、それに強く抗議している。関係主義vs.退隠の原理。以下では、この点について確認していこう。

3-2　関係主義ではなく、退隠の原理へ

ホワイトヘッドは、この世界に存在するものを「実体」とみなす哲学を批判している。デカルトの定義を参照すれば、実体とは「存在するために他のいかなるものをも必要とせずに存在するもの」[20]を意味する。ホワイトヘッドは、この世界に存在するものは、このように自立した実体ではない、と考える。むしろ、たがいに関係しあうことによってそのつど自己自身をつくりあげていくような存在が、この世界にはあふれているのである。たとえば、生物はそれ自体で自立的に存在しているのではなく、環境のあり方に決定的に依存しているだろう。ホワイトヘッドは、「現実的存在」を、他のものとの関係によって自己をつくりあげるもの、と定義した。現実的存在は、他の現実的

存在を「抱握」(prehension)という関係的な働きをとおして自らのうちへと引き込み、それらを構成要素とすることによって自己自身を織りあげる。そして、その生成過程が完結すると、自分自身もまた、他の新たな現実的存在の構成要素となっていくのである。前節までの概念で言えば、現実的存在は、抱握という関係的な糸、ムスビ、縁によって織りなされている。ホワイトヘッドが描き出すのは、関係によってつらぬかれた現実的存在が満ちあふれた宇宙だ。

だが、ハーマンはホワイトヘッドのまさにこうした立場を批判している。ハーマンにしたがえば、ホワイトヘッドは関係主義に陥っているのだ。しかし、それのなにが問題なのだろうか。ハーマンは、つぎのように述べている。

現実的存在の関係はすべて内的関係である。それゆえ、ホワイトヘッドの体系において、特殊な諸存在者がどのようにして存在しうるのかは、まったくもって理解しがたいことになる。むしろそこで見いだされるのは、抱握の帝国である。〔…〕ひじょうに逆説的なことに、ホワイトヘッドは無傷な個体的対象とともに出発したにもかかわらず、けっきょくそれらを関係の全体的体系のうちへと飲み込ませてしまったのだ。[21]

(20) René Descartes, *Principia philosophiae*, in Charles Adam & Paul Tannery (eds.), *OEuvres de Descartes*, vol. VIII-1, Paris: J. Vrin, 1973, Pars Prima, LI, p. 24〔ルネ・デカルト『哲学原理』三輪正・本多英太郎訳、『デカルト著作集3』白水社、一九九三年、六〇頁〕.

現実的存在を織りなす関係は、内的関係である。抱握という関係の糸は、存在の内的な固有性に深く食い込んでいる。したがって、ある現実的存在の固有性は、他の現実的存在の固有性に決定的に依存することになる。しかし、依存されている現実的存在の固有性もまた、同様に他の現実的存在に依存する。この連鎖は無限につづいていくだろう。こうして形成されるであろう全体性を、ハーマンはここで「抱握の帝国」と呼ぶ。ホワイトヘッドは、たしかにあらゆるタイプの存在者に対して平等な個体性を認めた。この点は良い。しかし、関係を重視するあまり、その個体性をけっきょく「抱握の帝国」という全体性のうちに融解させてしまったのである。ハーマンは、このような批判を展開している。

関係主義的宇宙から、非関係的な対象があふれた宇宙へ。ハーマンは、こうしたあり方を描こうと試みる。彼はそのためのひとつの戦略として、ホワイトヘッドが実体を批判するさいにもちいる「空虚な現実態」(vacuous actuality)という表現をあえて借用する。ホワイトヘッドからすれば、他のあらゆるものとの関係から成り立つ存在者こそが具体的なものなのであって、関係から自立した存在者は具体性を欠いた「空虚な現実態」にすぎない。これに対してハーマンは、否定的なニュアンスが込められた「空虚」という語の意味をずらしつつ、対象とは「空虚な現実態」である、と宣言する。対象とは「空虚な現実態」、つまり「空虚に封じられた非関係的実在」(vacuum-sealed and non-relational reality)[22]だと言う。対象は、空虚によって取り囲まれ、他のものとの関係から徹底的に隔絶されているという意味で、「空虚な現実態」なのである。ハーマンにしたがえば、「世界は、あらゆる関係から退隠し、自らの私的な空虚に住まう対象で満ちている」[23]。対象と対象のあいだには、関係を遮断するための空虚が穿たれているのだ。

ホワイトヘッドが描く宇宙のように、存在者が他のものとの関係によって徹底的に規定されると、存在者はそこから身動きが取れなくなってしまう。そして、すべてが凍りついた抱握の帝国だけが残されることになる。ハーマンはこのように批判する。他方で、ハーマンが語る対象は、私的な空虚のうちに退隠し、自らのうちに余剰を隠し持つ。そうした隠された秘密が、あるときふと噴出されることによって、この世界のうちに新しい驚きが生み出されるのである。ハーマンは、「ハンマーが壊れる」という例をよくもちいる。ハイデガーの道具分析によれば、ハンマーという道具は、釘を打ち、家を建て、わたしの安全を確保する…といった目的のネットワークを構成する一コマにすぎない。しかし、ハンマーはいつまでもこのネットワークにはまりこんだままの存在ではない。ハンマーは壊れることができる。つまり、釘を打つという役割をとつじょ放棄して、まったくちがう新たな側面を噴出させることができるのだ。それは、ハンマーが本質的に非関係的な実在であり、関係によっては汲みつくせない余剰を隠し持っているからこそ可能になる事態だと言える。

ハーマンのオブジェクト指向存在論にしたがえば、あらゆる対象が、私的な空虚のうちに退隠す

（21）Graham Harman, *Tool-Being: Heidegger and the Metaphysics of Objects*, Chicago: Open Court, 2002, p. 233.
（22）Harman, *Bells and Whistles: More Speculative Realism*, Winchester: Zero Books, 2013, p. 224. 傍点引用者。
（23）Harman, *Guerilla Metaphysics*, *op. cit.*, p. 86.

る「無縁」者である。それは自らのうちに隠し持つ余剰をとつじょ噴出させ、現在の関係性から抜け出していく、自由な遍歴者でもある。ハーマンにしたがえば、この宇宙はこうした「無縁」の対象で満ちあふれている。この宇宙そのものがタタラ場なのだ。ムスビはつねに切り裂かれ、ミクロな乗り換えが絶えず生じている。

第2章　ホワイトヘッド哲学最速入門

断絶とは驚き《タウマゼイン》である。世界がなめらかな関係性によって塗り固められ、既知のものから広がるたんなるネットワークと化したとき、退屈が生じる。この退屈な世界を引きちぎり、未知のなにものかを噴出させる開口部が断絶だ。断絶の縁《ふち》に立つとき、情緒的な反応として驚きが生じることになる。そのときわたしたちは、断絶の彼方でうごめく未知のなにかにむけて想像力を働かせている。わたしたちの想像力は、能力の限界地点すれすれで作動し、崩壊寸前ではあるが、もっとも生き生きとした仕方で飛翔する。わたしたちの哲学的探究心は、まさにそうした領域にこそ惹き込まれる。未知のなにものかとの境界面である断絶は、驚きをもたらし、わたしたちを魅惑するのだ。

　哲学者アルフレッド・ノース・ホワイトヘッドは、あらゆるタイプの存在者が相互に関係しあう調和的な宇宙像を描き出した。一般に、彼は関係の哲学者だとされている。ホワイトヘッドが描くのは、先行するあらゆる事物との関係において、連続的にヌルリと新たなものが生成する宇宙だ。それは、あらゆるものが時間的にも空間的にもどこまでもヌルヌルとつながっていく連続的な宇宙である。そこには、ズバッと断ち切られる断絶的な要素はない。けっして触れえない彼方の領域というものがないのだ。

拙著『連続と断絶――ホワイトヘッドの哲学』は、ホワイトヘッドが描く連続的な宇宙のうちに、強い断絶的な側面を見つけだすことを試みている。調和的で連続的な宇宙に、深いひびを入れること。それが同書の目的だ。

本章では、『連続と断絶』における議論をベースに、ホワイトヘッドについて紹介する。第1節「マイナー哲学としてのホワイトヘッド哲学」では、ホワイトヘッド哲学をとりまく諸状況について概観することにしたい。第1節は、思想史的なアプローチである（関心がなければ、読み飛ばしてもらっても問題ない）。第2節「ホワイトヘッド哲学最速入門――連続のほうへ」では、ホワイトヘッド哲学の根本的な図式をわかりやすく解説する。孤立した存在者はひとつもなく、あらゆるものが他のあらゆるものとの関係から生じてくる。こうした連続的な宇宙像の構築がホワイトヘッドの主眼である。第3節「ホワイトヘッド哲学に潜む四つの断絶――断絶のほうへ」では、断絶的な側面に焦点をあてる。ホワイトヘッドが描く連続的な宇宙のうちに、四つの強い断絶を見いだすことができる。それらについて概観することにしたい。

1　マイナー哲学としてのホワイトヘッド哲学

ホワイトヘッド哲学は、マイナー哲学である。

二〇世紀の哲学の表街道は、現象学や分析哲学などによって占められている。この表街道の雰囲気を雑にまとめれば、〈わたしたち人間がどのように生き、認識し、語るのかということこそが哲学にとって重要問題である〉となるだろう。わたしたち人間の意識や言語の働きといかにかかわるのかを重要視し、このかかわりを超えた存在そのものは考察の外に放置すること。これが表街道のマナーである。

だが、これに対してホワイトヘッドは、大胆にも人間存在の重要性を無視し、存在するものの一般的な構造を探究する。人間の意識や言語とは無関係な世界で、事物そのものがそれらどうしで関係しあうあり方が描きだされるのだ。しかもそのさいに、数々の独自概念が創造され、それらから成る壮大な形而上学的体系が構築されることになる。さらに言えば、その体系的宇宙には神まで登場する。このようにホワイトヘッド哲学は、まるで一七世紀に逆戻りしたかのような哲学なのである。二〇世紀哲学の表街道に顔を出すには、あまりに古臭いと言えるだろう。かんぜんに裏ルートの哲学なのだ。

とはいえ、この壮大で野心的な哲学は、形成当初の時期から、他の領域にもインスパイアをあたえてきた。そもそも、ホワイトヘッドが本格的に形而上学の研究に取り組みはじめたのは、六〇歳をすぎてからである。ロンドン大学退官後、ハーバード大学に招聘されたホワイトヘッドは、一九二四年に故郷の英国を離れ、米国へと渡った。ホワイトヘッドの形而上学期は、この時期からはじまるとされている。彼の形而上学は、一九二四年から亡くなる一九四七年までのあいだ、ハーバード大学やその他各所での講義をつうじて練り上げられていった。この活動は哲学の領域を越えて、べつの領域にもインスパイアをあたえることとなった。それは経営学と神学である。

まず、経営学への影響から見てみよう。(1) 一九〇八年にハーバード大学に、ハーバード・ビジネス・スクールが設置された。経営学を専門にしたこの大学院は、一九一九年に二代目の学部長《ディーン》としてウォレス・B・ドナムを迎えて以降、活動が活発化することになる。一九二〇年代から三〇年代にかけて、さまざまな分野の研究者や実業家が集い、ハーバード・サークルと呼ばれる集まりが形成された。ホワイトヘッドは、まさにこの時期に、ハーバード・サークルと親密なやりとりをしたのである。彼は、学部長のドナムらに招待され、ハーバード・ビジネス・スクールで講義をおこなっている。このときの原稿は、ドナムの著書『漂うビジネス』の序言として刊行され、のちにホワイトヘッド自身の著書『観念の冒険』に収録された（第6章「予見」）。また、ホワイトヘッドは、ハーバード・ビジネス・スクールの機関誌『ハーバード・ビジネス・レヴュー』に「過去の研究――その効用と危険」という論文を寄稿している。このように、ハーバード・サークルは、ホワイトヘッド哲学を経営学の研究の哲学的基礎として積極的に取り込んでいったのだと言える。

つぎに、神学への影響について紹介しよう。(2) アメリカには、ホワイトヘッドとチャールズ・ハーツホーンを源流とする「プロセス神学」という潮流がある。ハーツホーンは、一九二五年から三年ほどのあいだ、ハーバード大学でホワイトヘッドの助手を務めていた人物である。ホワイトヘッドの「神」概念を受容し、それを独自に発展させ、神学的理論として整備していったのがハーツホーンだ。彼は一九二八年から一九五五年までシカゴ大学で教鞭をとり、そこで神学部の教授陣たちにおおきな影響をあたえた。また、シカゴ大学でのハーツホーンの教え子には、ジョン・B・カブがいる。カブは、プロセス神学の発展に貢献しただけでなく、ホワイトヘッド研究の拠点である「プロセス研究センター」の設立にもかかわっている。

ここで話題を、アメリカにおけるホワイトヘッド研究の状況に移そう。たしかにホワイトヘッド哲学はマイナー哲学であり、哲学の領域において華々しくあつかわれることは滅多にない。しかし、ホワイトヘッドの死後（一九四七年以降）も、彼の哲学の内在的な研究はアメリカで活発につづけられてきた。ホワイトヘッド研究の歴史においてもっとも重要な出来事と言えば、先ほど紹介したプロセス研究センターの設立である。この研究拠点は、一九七三年に、カブとデヴィッド・レイ・グリフィンによってクレアモント大学に設置された[3]。プロセス研究センターは、機関誌『プロセス研究』の発行をつうじて、ホワイトヘッド研究の活性化に貢献してきた。また、近年、新たなホワイトヘッドの著作集が刊行されはじめているということも、ホワイトヘッド研究における画期的な出来事である[4]。この著作集はエディンバラ大学出版局から順次出版予定であり、現在のところハー

（1）経営学とホワイトヘッドの関係については、つぎの論文を参照。村田康常「共感に基づき説得によって促される協働――経営哲学としてのホワイトヘッド文明論」『名古屋柳城短期大学研究紀要』第三八号、二〇一六年。吉原正彦「ハーバード・ビジネス・スクールとウォレス・B・ドナム」『青森公立大学経営経済学研究』第四巻第二号、一九九九年。

（2）プロセス神学については、つぎの資料を参照。前者のとくに訳者解題は、プロセス神学の形成期にかんする詳細な資料となっている。ジョン・B・カブ、D・R・グリフィン『プロセス神学の展望』延原時行訳、新教出版社、一九七八年。ヴァイニー・ドナルド「プロセス神学」大塚稔訳、『宮崎学園短期大学紀要』第一号、二〇〇八年。

（3）つぎのウェブページを参照。https://ctr4process.org/about/

バード大学でおこなわれた講義ノートが二巻出版されている。

こうした地道なホワイトヘッド研究がつづけられているが、アメリカではホワイトヘッド哲学が哲学の表街道で華々しく取り上げられることはほとんどない。しかし、海を渡りフランスでは状況が少し異なる。ホワイトヘッド哲学は、「フランス現代思想」のビッグスターたちによって部分的に参照されてきた。いくつか紹介しておこう。まず、ジャン・ヴァールの『具体的なものへ――二十世紀哲学史試論』である。第二部でホワイトヘッドが取り上げられている。この本は一九三二年に出版されており、かなり早い時期にホワイトヘッド哲学を紹介したものだと言える。つぎに、モーリス・メルロ＝ポンティの『自然――コレージュ・ド・フランス講義ノート』だ。これは一九五六年から一九六〇年にコレージュ・ド・フランスでおこなわれた講義をまとめたものであり、一章がホワイトヘッドの「自然」概念の考察にあてられている。さらに、ブリュノ・ラトゥールの『科学論の実在――パンドラの希望』を挙げることができる。ラトゥールは、同書においてホワイトヘッドの「命題」概念を援用し、新たなモデルを構築している。最後に、もっとも有名なのはジル・ドゥルーズの『襞――ライプニッツとバロック』だろう。同書第6章はホワイトヘッドの「出来事」概念の考察にあてられている。

さて、ここまでホワイトヘッド哲学についてそのマイナーさを強調しながら紹介してきたが、二一世紀に入り、状況はおおきく変わったと言える。哲学の領域において、おおきな地殻変動が生じたのだ。思弁的実在論の登場である。この潮流の牽引役であるグレアム・ハーマンは、自らの立場の参照軸としてホワイトヘッドに積極的に言及している。思弁的実在論の論者は、カント以降の近現代哲学に潜む相関主義的前提（思考と存在の相関関係を越えた存在そのものについて語ることはできない、という前提）を告発する。人間不在の世界について大胆に語ろうというのが、思弁的実在論のモチベーションだ。現象学の研究から出発したハーマンにとって、現象学にまとわりつく相関主義的前提から一気に解放する役割を担ったのがホワイトヘッド哲学だったのである。ホワイトヘッドは、人間を特権化しない。彼は、あらゆるタイプの存在者が、人間の思考の外部で、それらどうしでかかわりあう宇宙像を描きだす。このように相関主義的前提を無視した大胆な形而上学を展開したがゆえに、ホワイトヘッドは二〇世紀において哲学の表舞台に登場することができなかった。だが、二〇世紀にマイナー哲学の地位へと退けられたまさにその理由によって、ホワイトヘッドは、いま哲学の表舞台に引きずり出されているのである。

2　ホワイトヘッド哲学最速入門——連続のほうへ

本節では、ホワイトヘッド哲学の内容について入門的な説明をする。本節は、拙著『連続と断絶』第1章のダイジェスト版となっている。(5) 不要なテクスト的証拠や細かい議論などが削ぎ落とさ

（4）つぎのウェブページを参照。https://edinburghuniversitypress.com/series-the-edinburgh-critical-edition-of-the-complete-works-of-alfred-north-whitehead.html

れ、最小限の用語と議論だけが残った最短ルートのホワイトヘッド入門となっているはずだ。

まず、ホワイトヘッドの論敵となる立場から確認することにしよう。ホワイトヘッドは、〈実体の哲学〉を乗り越えの対象とみなす。これとの格闘をつうじて、主著『過程と実在』において、彼自身の形而上学的体系である〈有機体の哲学〉が提示されることになる。あらかじめ結論を述べておこう。ホワイトヘッドは、宇宙がバラバラな実体から成るという発想（実体の哲学）を批判して、あらゆるものが相互に有機的に関係しあう宇宙像（有機体の哲学）を提示したのである。非関係的な実体から、関係的な有機体へ。これが、ホワイトヘッドが主著で示した転換だ。

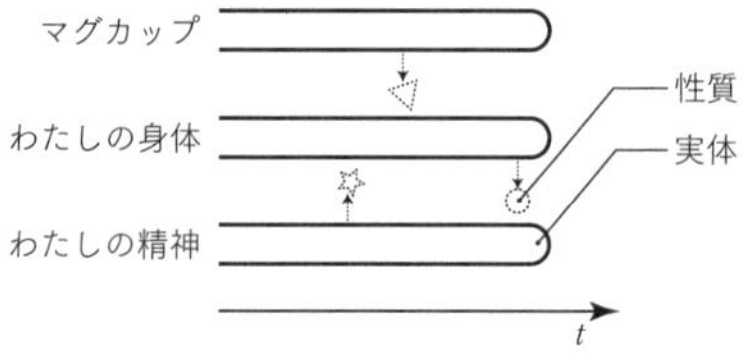

図1　実体の哲学

では、実体とはなにか。もう少し詳しく見ることにしよう。ホワイトヘッドは、デカルトによる定義を挙げている。デカルトによれば、実体とは「存在するために他のいかなる事物をも必要とせずに存在するもの[6]」である。つまり、他のものとかかわることなく、それ自体で存続しつづけるものだ。「実体」は、たんに哲学者だけが抱く考え方ではない。わたしたちの周囲には、安定的に存続する事物があふれている。マグカップや眼鏡、わたしたちの精神、身体器官、街路樹、アスファルト。わたしたちは、ふつうこれらのものが一瞬一瞬まったく新たなものへと生成変化しているとはみなさない。むしろそれらは、時間をつうじて自己同一的でありつづけているように思われる。わたしたちは、事物の核は変わらずに存続し、その表面的な性質だけが変化している、と考えるだろう〔図1〕。実体の哲学は、存在に対するこのような素朴な見方と親和性があると言える。

では、実体のなにが問題なのか。ホワイトヘッドは、おおきく分けてふたつの批判をしている。ひとつ目は理論上の問題だ。存在するものを、それ自体で自立した実体とみなすと、そうした実体どうしが影響をおよぼしあい、関係しあうあり方を説明できなくなる。実体の哲学にとって、実体間の関係は厄介な問題として残りつづけてしまうのだ。問題点のふたつ目は、常識的な経験をすくいとれないというものである。たしかにわたしたち自身を含めた多くの存在者が、自己同一的なまま自立的に存続している。わたしたちは、日常生活においてこのように確信している。だがその一方で、わたしたちの経験は、絶えず周囲のものからの影響をじかにうけながら、そのつど変様してもいる。たとえば「八月の森林地帯に赴き、昆虫たちが低くうなり声を発しているのをぼんやりと耳にすれば、まわりの自然から自分自身のうちへといろいろな感じが押し入ってくることに圧倒されるだろう」[7]。わたしたちの経験のうちには、周囲の存在者の影響が絶えずこだましているのである。実体の哲学では、こうした日常的な経験のあり方をすくいとることができないのだ。

（5）本章第2節・第3節における議論と図は、拙著『連続と断絶』にもとづいている。より詳細な議論について知りたい読者は、同書を参照。飯盛元章『連続と断絶——ホワイトヘッドの哲学』人文書院、二〇二〇年。

（6）René Descartes, *Principia philosophiae*, in Charles Adam & Paul Tannery (eds.), *OEuvres de Descartes*, vol. VIII-1, Paris: J. Vrin, 1973, Pars Prima, LI, p. 24〔ルネ・デカルト『哲学原理』三輪正・本多英太郎訳、『デカルト著作集3』白水社、一九九三年、六〇頁〕.

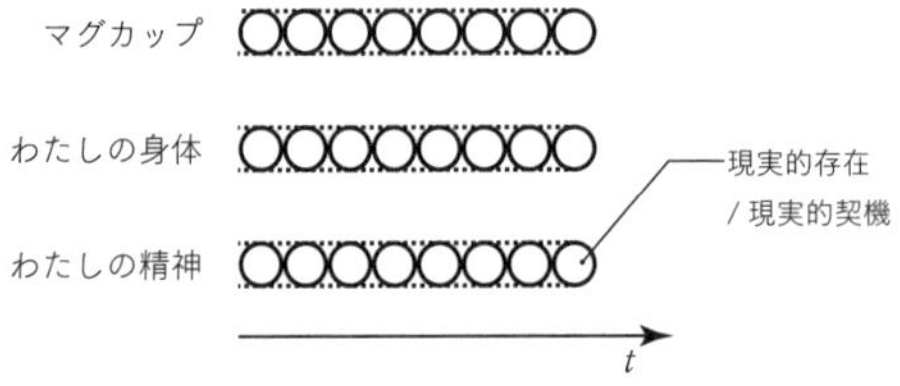

図２　実体の哲学から有機体の哲学へ ステップ１

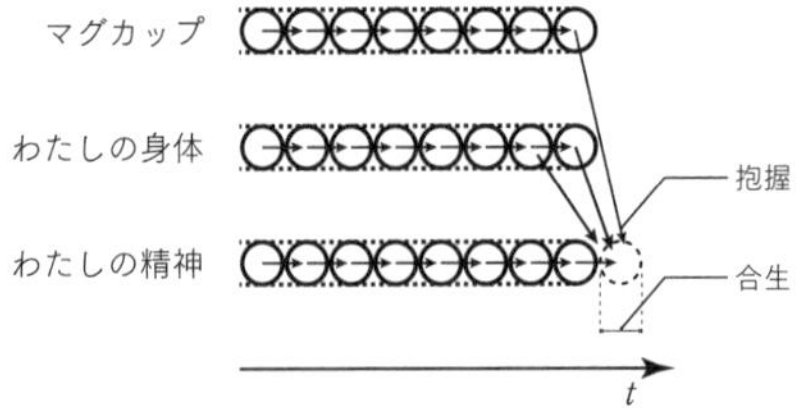

図３　実体の哲学から有機体の哲学へ ステップ２

こうした問題意識から、ホワイトヘッドは実体の哲学を批判し、有機体の哲学の構築へと向かう。実体の哲学から有機体の哲学への転換は、つぎのふたつのステップを経由することによってなされる。

ステップ１：存続する実体（図１）を、無数の瞬間の系列へと解体する（図２）。

ステップ２：先行するすべての瞬間が、新たな瞬間にとっての構成要素となる（図３）。

ホワイトヘッドは、まずステップ１において、自己同一的なまま通時的に存続する実体を、無数の瞬間へと解体する。たとえばマグカップは、瞬間瞬間のそのつどのマグカップへと解体されることになる。ホワイトヘッドは、この瞬間的なものへと解体された存在を「現実的存在」(actual entity) ないし「現実的契機」(actual occasion) と呼ぶ（図２の実線の丸）。現実的存在とは、ある程度の時間幅を持った瞬間的な出来事であり、この宇宙の究極的な構成単位である。ホワイトヘッドは、あらゆるタイプの存在者（人間の経験や身体の細胞、マグカップなど）をみなひとしく現実的存在とみなす。

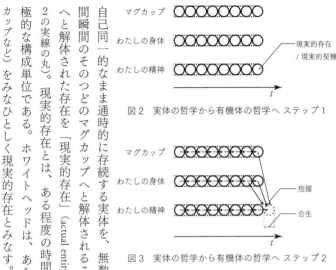

ステップ2の説明に移ろう。現実的存在は、たんにバラバラに生じて消え去っていくのではない。先行する過去のあらゆる現実的存在が、新たな現実的存在へと影響し、その構成要素となるのだ。ホワイトヘッドは、過去の現実的存在を構成要素として受容する働きを「抱握」(prehension)と呼ぶ。抱握は無意識的な非認識的働きであって、過去の存在をたんに因果的に受け取る働きを意味する。図3の点線の丸で表現された現実的存在が、いままさに新たに生じつつあるとしよう。この現実的存在は、過去のすべての現実的存在(実線の丸)を抱握(矢印)によって受容する。たとえば、〈マグカップに手をのばす経験〉という現実的存在が、いま新たに生じつつあるとすれば、そこには一瞬まえのわたしの経験だけでなく、これまでのあらゆる瞬間の経験が介入してくることになる。さらには、マグカップ、身体を構成する細胞、ねこ、浴室、スーパーマーケット、地球、超大質量ブラックホールなど、あらゆる瞬間のあらゆる存在が、そこへと介入してくる。現実的存在は、これらすべてをそれぞれの抱握をつうじて受け取る。そして、それらがひとつの抱握へと統合される過程を経ることによって、完結した存在者(実線の丸)となる。ホワイトヘッドは、このように無数の抱握が統合される過程を「合生《がっせい》」(concrescence)と呼ぶ。この用語は、語源的には「ともに成長する」(growing together)ということを意味している。つまり、無数の抱握は、合生《コンクレッサンス》(「具体化」とも

(7) Alfred North Whitehead, *Process and Reality*, New York: Free Press, 1978, p. 176〔アルフレッド・ノース・ホワイトヘッド『過程と実在』上/下、山本誠作訳、『ホワイトヘッド著作集』第一〇/一一巻、松籟社、一九八四/一九八五年、三〇六頁〕.

訳せる）の過程を経てともに成長し、最終的に具体的《コンクリート》な統一性を獲得することになるのだ。
まとめよう。有機体の哲学は、まずステップ1によって、実体を無数の現実的存在へと解体する。これによって、ある実体の通時的な連続性がひとまずバラバラにされる。そしてステップ2。いったんバラバラにされた無数の瞬間は、抱握によって縦横無尽に結びつけられる。つまり、実体は無数の現実的存在へと解体されることをつうじて、最終的に抱握という関係性によって徹底的に貫かれることになるのだ。

以上が、有機体の哲学の基本的な世界観である。その特徴として、ふたつの点を指摘することができるだろう。一点目は、あらゆるタイプの存在者が現実的存在とされる点だ。ホワイトヘッドは、「現実的存在というただひとつの類があるという仮定は、有機体の哲学がしたがおうとする宇宙論の理想である」[8]と言う。あらゆるタイプの存在者がひとしく現実的存在であり、タイプのちがいは合生過程のちがいによって説明されることになる。人間の意識的経験は、石などとくらべて、高度で複雑な合生過程を経ることによって成立する。とはいえ、あらゆる存在者は、現実的存在であるという点ではまったく平等であり、それぞれが固有の主体的活動の中心点である。石は人間の思考が不在の世界において、それ自身で他のものと関係を結び、自己自身をつくりあげている。有機体の哲学は、非相関主義的・非人間中心主義的な哲学だと言える。

特徴の二点目は、過剰な関係性によって貫かれているという点だ。この点にかんしては、さらに四つの点から説明することができる。第一に、ある現実的存在にとって、他の現実的存在との関係は「内的関係」である。内的関係とは、本質的関係を意味する。つまり、現実的存在は、自らを構成する現実的存在との関係を離れて、まさにその存在者であることはできないのだ。第二に、現実的存在は、先行する他のすべての現実的存在と関係する。ホワイトヘッドは、「〔…〕他のすべての現実的存在を含む、宇宙のあらゆる項が、任意の現実的存在の構造における構成要素をなす[9]」と述べている。第三に、関係はたんなる性質の伝達ではなく、関係項の「内在」として成立する。たとえば木を知覚する経験のうちには、たんなる木の性質だけが伝達されているのではなく、木そのものの存在が内在し、この経験を内部からかたちづくっているのだ。第四に、現実的存在は関係から生まれ、関係のうちに投げ込まれていく。先行するものとの関係によって生まれた現実的存在は、合生過程を完結させると、今度は自分自身が、後続するものとの関係のうちに投げ込まれ、構成要素として機能することになる。このようにホワイトヘッドは、あらゆる存在者が過剰な関係性によって緊密に結びついた連続的な宇宙像を描き出したのである。

3　ホワイトヘッド哲学に潜む四つの断絶——断絶のほうへ

第1節の最後で紹介したとおり、二一世紀に入って思弁的実在論が登場したことにより、ホワイ

（8）*Ibid.*, p. 110〔同書、一九〇頁〕.
（9）*Ibid.*, p. 148〔同書、二五六頁〕.

トヘッドにスポットライトが当たることになった。思弁的実在論の中心的な牽引役であるハーマンは、ホワイトヘッドに積極的に言及している。本節ではまず、ハーマンによるホワイトヘッドに対する評価を確認しておこう。

思弁的実在論とは、相関主義の乗り越えを目指すという点で一致した思想潮流である。彼らの見立てによれば、カント以降、哲学には相関主義というリミッターがかけられてきた。哲学があつかいうるのは、思考と存在の相関関係だけである――これが相関主義というリミッターだ。大胆な実在論者であれば、存在そのものについて語るかもしれない。しかし、相関主義的前提に立つ主流派の哲学者たちからすれば、そうした存在はすでに思考との相関関係のうちに絡めとられていることになる。思考との相関関係からはずれた存在そのものは、思考されたとたん、もとの相関関係へと回収されてしまうのだ。ここには、「相関的循環[10]」と呼ばれる循環構造がある。カント以降の哲学には、この循環構造の外部へと超出することを許さない強力なリミッターが機能しているのである。

ホワイトヘッドは、こうした相関主義というリミッターを強引に引きちぎり、圧倒的な力強さで形而上学的思弁を展開する。有機体の哲学では、あらゆるタイプの存在者がみなひとしく現実的存在としてあつかわれる。そこでは、人間の思考が特権化されることはない。人間不在の世界で、事物そのものがそれらどうしで関係しあうのである。ハーマンは、この点を肯定的に評価している。「哲学を人間による世界へのアクセスへと制限することから、もっとも力強く解放してくれるのは、過去のあらゆる偉大な哲学者たちのなかで、ホワイトヘッドをおいてほかにはいない[11]」。このように述べられている。

だがその一方で、ハーマンはホワイトヘッドが存在者どうしの関係を重視しすぎている点を問題視する。ハーマン自身の哲学的立場であるオブジェクト指向存在論は、個体的対象の自立性を重視し、ホワイトヘッドとは反対に「実体の復興」を標榜している。この立場から見れば、有機体の哲学が考える存在者は自立性が弱いと言える。現実的存在は、先行する現実的存在との関係から離れて、それ自体で自立することはできない。この点をめぐって、ハーマンはつぎのようにホワイトヘッドを批判する。

現実的存在の関係はすべて内的関係である。それゆえ、ホワイトヘッドの体系において、特殊な諸存在者がどのようにして存在しうるのかは、まったくもって理解しがたいことになる。むしろそこで見いだされるのは、抱握の帝国である。〔…〕ひじょうに逆説的なことに、ホワイトヘッドは無傷な個体的対象とともに出発したにもかかわらず、けっきょくそれらを関係の全体的体系のうちへと飲み込ませてしまったのだ。(12)

（10）Quentin Meillassoux, *Après la finitude: Essai sur la nécessité de la contingence*, Paris: Seuil, 2006, p. 82〔カンタン・メイヤスー『有限性の後で――偶然性の必然性についての試論』千葉雅也・大橋完太郎・星野太訳、人文書院、二〇一六年、九〇頁〕.
（11）Graham Harman, *Tool-Being: Heidegger and the Metaphysics of Objects*, Chicago: Open Court, 2002, p. 232.
（12）*Ibid.*, p. 233.

有機体の哲学において、存在者どうしは、抱握という内的関係をつうじてどこまでもつながっていってしまう。残されるのは、「抱握の帝国」という全体性だけだ。個々の存在者は、この帝国のうちに融解することになる。ハーマンは、このように批判する。ハーマンからすれば、ホワイトヘッドはたしかに相関主義を乗り越えはしたが、その一方で、個体を関係に還元する「関係主義」に陥ってしまったのである。

拙著『連続と断絶』は、こうしたハーマンによる批判をふまえ、ホワイトヘッドの連続的な宇宙に断絶的要素を見いだすことを試みている。抱握の帝国に、断層線を走らせること。それが同書の目的である。そこでは、四つの断絶が見いだされた。それぞれ簡単に確認することにしよう。[13]

まず第一の断絶。これは共時的断絶と呼びうるものである（図4①）。ある現実的存在にとって、過去に属す現実的存在もあれば、未来に属す現実的存在もある。そしてもちろん、同時的な現実的存在もある。たがいに同時的な現実的存在とは、どちらもがいままさに合生過程のうちにある存在者である。それらは、どちらも合生過程にあるがゆえに、構成要素として他の現実的存在に介入していくための確定的な自己自身をまだ有していない。したがって、それらは直接的に関係しあうことがないのである。こうした同時的な現実的存在は、「因果的独立」（causal independence）の状態にあると言われる。「自己創造の直接的な働きは、同時的なものにかんする限り、分離されていて私的である」[14]とホワイトヘッドは述べている。関係をつうじて自己自身を創造している真っ最中の存在者どうしは、まさにそのために直接的に関係することができないのだ。これが、同時的なものの因果的独立である。それは、関係主義的宇宙に特有の〈関係の途切れ〉だと言えるだろう。同時的な

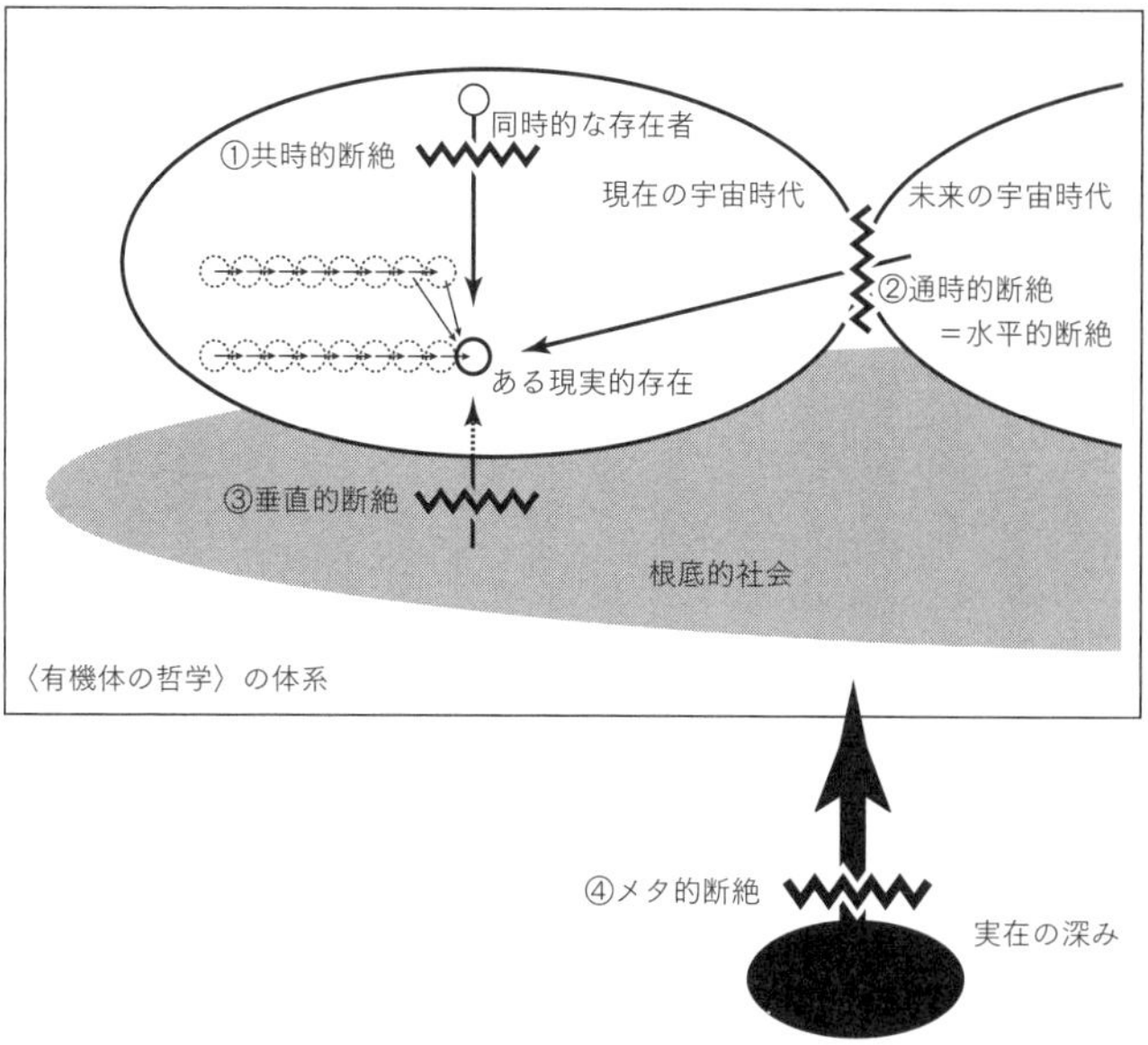

図４　ホワイトヘッド的宇宙における四つの断絶

存在者は、関係主義的な宇宙にポッカリと空いた、いわば存在論的死角である。

つぎに第二の断絶。これは通時的断絶と呼ぶことができるものだ（図４②）。ホワイトヘッドによれば、はるか未来においてまったく異なった自然法則が成立するようになる。詳しく見ていこう。まず、現実的存在は「社会」を構成している、とホワイトヘッドは考える。そしてある社会は、さらに広い社会によって包摂されている。たとえば、いまこの瞬間のわたしの経験という現実的存在は、わたしの人格という社会のうちに含まれている。そして、この〈人格〉社会と通時的に並行して存続する、身体を構成する現実的存在の社会があるだろう。さらに、これらの社会、わたしの〈人格〉社会と〈身体〉社会をともに包摂するものとして、わたしが属している文化圏を構成する現実的存在の社会があるはずである。このようにして、ある現実的存在が属す社会はどこまでも拡張していくことができる。そして、出発点となる現実的存在との関連を保持しつつ、こうした拡張を最大限におこなったさきに見いだされる社会が、「宇宙時代」(cosmic epoch) と呼ばれる。この宇宙時代という社会には、それを成立させる共通の秩序として、ある特定の自然法則が行き渡っている。しかし、ホワイトヘッドによれば、わたしたちが属すこの宇宙時代も、ひとつの限定された社会にすぎない。その彼方には、またべつの自然法則が行き渡った、べつの宇宙時代が控えている。はるか未来において、まったくべつの新たな宇宙時代が生じるのだ。この未来の宇宙時代のうちには、わたしたちの想像力によってはけっして届くことのない、まったくべつの自然法則が成り立っているのである。未来の宇宙時代においては、たとえば空間は三次元ではなく、三三三次元であるかもしれない、とホワイトヘッドは述べる。[15] ここに強い断絶を見いだすことができるだろう。

第三の断絶に移ろう。第二の断絶である通時的断絶を水平的断絶と呼ぶとすれば、第三の断絶は垂直的断絶と呼ぶことができる(図4③)。ホワイトヘッドは、もろもろの宇宙時代の根底には、それらすべてを包摂する社会があると言う。この根底的社会は、延長性にかんする極度に一般的な秩序だけを有した社会だ。そうした極めて一般的な秩序以外には、いかなる特殊な秩序も持たないような社会。それは、わたしたちにとってはほとんどただの混沌状態でしかないだろう。ここに強い断絶を見いだすことができる。

第二の通時的=水平的断絶は、強力な他なる光による断絶である。はるか未来の宇宙時代は、現在の宇宙時代とはまったく異なったひじょうに特殊な特徴をともなっている。つまり、それはまったくべつの強力な光を放っているのだ。まさにそれゆえに、現在のわたしたちによってはとらえられないのである。それに対して、第三の垂直的断絶は、光の不在による断絶だと言える。あらゆる宇宙時代を包摂する根底的社会は、いかなる特殊な秩序も持たない。つまり、いかなる光も発することがない。わたしたちの足元には、こうした広大な闇が広がっているのである。

最後に、第四の断絶について確認しよう。これはメタ的断絶と呼びうるものだ（図4④）。ホワイトヘッドは、形而上学的体系を構築するための方法論を提示している。この方法論にしたがって構築された体系が、有機体の哲学である。ホワイトヘッドは、この体系を完成したものとして提示したのではない。彼の方法論にしたがえば、形而上学的体系は、さまざまな経験的ことがらを踏まえて、絶えず修正されていかなければならないのだ。ホワイトヘッドは、『過程と実在』の序文でつぎのように述べている。

　最後に残るのは、諸事物の本性のうちの深みをさぐる努力が、どんなに浅薄で脆弱で不完全であ

（13）本節の四つの断絶をめぐる議論は、拙著『連続と断絶』の第4章から第6章までの要約となっている。より詳細な議論を知りたい読者は、同書の該当箇所を参照してほしい。

（14）Alfred North Whitehead, *Adventures of Ideas*, New York: Free Press, 1967, p. 195〔アルフレッド・ノース・ホワイトヘッド『観念の冒険』山本誠作・菱木政晴訳、『ホワイトヘッド著作集』第一二巻、松籟社、一九八二年、二七〇頁〕.

（15）Whitehead, *Process and Reality*, op. cit., p. 289〔ホワイトヘッド『過程と実在』前掲書、五一九頁〕.

るかという反省である。哲学の議論においては、語りの完結にかんして独断的な確実性をほんの少しほのめかすだけで、愚かさを示していることになる。(16)

「諸事物の本性のうちの深み」は、けっして汲みつくされることはない。この深みが噴出することによって、体系は撹乱され、修正を迫られることになる。わたしたちは、この深みがどんなものであるかを、あらかじめ述べることはできない。したがって、その深みがとてつもない力を持っているという可能性を排除することはできないのである。もしかしたら、実在の深みは、たんにわたしたちの認識の枠組みに修正を迫るだけでなく、世界そのもののあり方をとつじょまるごと激変させてしまうような力を持っているかもしれない。こうした深みとのあいだに強い断絶を見いだすことができるだろう。

ホワイトヘッド哲学には、以上の四つの断絶がまとわりついている。抱握の帝国は、けっして安定したひとつの全体性ではない。この帝国のうちには、共時的方向、通時的＝水平的方向、垂直的方向に亀裂が走っている。この三つの方向のさきには、抱握の手がけっして触れることのできない彼方の領域がある。そして、抱握の帝国そのものの彼方には、実在の深みが控えている。抱握の帝国は、この深みによって転覆される可能性につねにさらされているのだ。

(16) *Ibid*., p. xiv〔ホワイトヘッド『過程と実在』前掲書、vii 頁〕. 傍点引用者。

第3章　ようこそ！ 狂気の怪奇オブジェクト空間へ――ハーマン入門

他人とは、無限に遠い他なる宇宙である。わたしは他人のすべてを覗き込み、そこにゼロ距離で接近することはできない。だがその一方で、そうした無限の彼方の闇は、とつじょエネルギーを放射して、予想外の仕方でわたしの宇宙を撹乱しにやってくる。わたしにはどうすることもできない制御不可能な闇が他人なのである。この点は、事物だって同様だろう。コップや石ころ、iPhone、スニーカー。わたしは一度だって、それらを完全な仕方でコントロール下に置いたことはない。わたしの外部に撒き散らされたさまざまな事物や他人たちは、それぞれが固有の深き闇だと言える。存在するとは、まったくもって隔てられていることである。存在するものどうしは、ただ表面的にかすめあっているにすぎない。

グレアム・ハーマンのオブジェクト指向存在論は、このような感覚を表現した哲学モデルである。ハーマンによれば、こうした感覚は、美的対象をまえにしたとき、より顕著なものとなる。わたしは、なんだかわからない作品をまえにしてただ立ち尽くす。美術史の知識を総動員して、それを解説しつくしてやろうとしても無駄である。そうした振る舞いは、鑑賞の仕方がわかっていないたんなる野暮な人間のすることだ。作品をまえにした人は、むしろただその重力に引き込まれるがままとなる。アートギャラリーに足を踏み入れるとき、あなたはあらゆるイニシアチブを捨て去って、奇妙なオブジェクトが支配する空間に閉じ込められることになるのだ。

本章では、ハーマンのオブジェクト指向存在論、とりわけその美学理論について紹介したい。ハーマンは、演劇性にもとづく独自の美学理論を提示している。作品を鑑賞するとき、観者はそれを演じている、と言うのだ。この理論はあまりにも奇妙なものであり、ハーマン自身も最初はどこか渋りながら提示しているほどである。まず、オブジェクト指向存在論の基本的な考え方を確認し、そのうえでこの謎の美学理論について見ていくことにしよう。

1　怪奇的な対象で満ちた世界

素朴に世界を眺めれば、わたしたちが住む世界には個体的な対象があふれている。ダイヤモンド、ロープ、猫、海賊船、星野源、ピスタチオ。このようなあらゆるタイプの対象《オブジェクト》をそっくりそのまま、哲学の主役にしようというのが、オブジェクト指向存在論の試みである。

ところがハーマンによれば、古代ギリシア以来、多くの哲学者たちは対象をべつのものへ還元するという戦略を取ってきた。ここでは詳しく取り上げないが、ハーマンはそうした反オブジェクト指向の立場を分類して詳細に論じている。そのなかでも、強力な敵として立ちはだかるのが、「関係主義」(relationism)と呼ばれる立場だ。関係主義は、対象を関係に還元しようとする立場である。ハーマンは、つぎのように述べている。

わたしたちがいまいるのは、関係性の黄金時代だ。ほとんどすべての人たちが結束して、伝統的な独立した実体という考え方に抵抗している。空虚のうちに存在し、ただ偶有的な仕方においてのみ影響しあう実体は、毛嫌いされているのだ。対象とは、他の対象に対する効果以外のなにものでもない――現在もっとも影響力のある関係的思想家のひとりであるブリュノ・ラトゥールは、このように述べている。[1]

関係主義の哲学は、あらゆるものはつねに関係のなかにある、と考える。どんなものも、つねに他のものとのつながりのうちにあり、けっしてその外で自立することはない。他の対象に対してどのような影響をあたえているかということが、その対象のすべてなのである。こうした関係優位の発想は、現代では、哲学にとどまらずさまざまな領域で影響力を行使している。現代は、まさに「関係性の黄金時代」なのだ。

ハーマンは、こうした時代の趨勢に真っ向から逆らう。「OOO〔オブジェクト指向存在論〕」が関心

(1) Graham Harman, "Aestheticizing the Literal: Art and architecture," in Michael Benedikt and Kory Bieg (eds.), *CENTER 21: The Secret Life of Buildings*, Austin: Center for American Architecture and Design, 2018, p. 62.

を持つのは、事物の非関係的実在だ」[2]。ハーマンにしたがえば、対象はむしろあらゆる関係から引き下がり、隠れているのである。それゆえ、「退隠」（withdrawal）こそが、オブジェクト指向存在論のただひとつの根本原理であると言われる[3]。対象は、他の対象との関係から退隠し、それ自体で自立的に存在している。対象は、周囲から到達しようとするあらゆる試みを挫折させる、汲みつくしえない余剰として存在する。言うなれば、対象は、他の対象からはけっして十全にアクセスすることのできない深い闇を抱えているのである。まさにそれゆえに、「対象は怪奇的なのだ[4]」。この世界には、関係から退隠した怪奇的な対象が満ちあふれている。それらがふと目を覚まし、闇の奥底から見知らぬ性質が吹き出されるとき、まるでプレートの変動によって大地震が起きるかのように、世界に劇的な変化がもたらされるのである。

2　狂った観者になる

以上、確認してきたとおり、オブジェクト指向存在論は、非関係的な怪奇的対象を中心に据える。しかし、それらはまったく没交渉的なまま、永遠に沈黙しているのではない。対象はときに関係し、影響をあたえあってもいる。この関係を、関係主義に陥ることがないように説明することが、ハーマンのさらなる課題となる。相互作用のネットワークのなかに対象の自立性を溶かし込むことがないように、対象の間接的な関係性を理論化すること。これが、オブジェクト指向存在論のつぎなる課題である。

そこでハーマンが着目するのが、「魅惑」（allure）という美的効果だ。わたしたちが美的対象に魅惑されるとき、その対象は触れられないものとして経験の領域を占めている。逆に言えば、十全に触れることができ、すべてを見通すことができるようなものに魅惑されることはないだろう。ある対象にかんしてわたしが思い描くイメージとは結びつかないような性質が差し出されたとき、この対象そのものはなんだかわからない異様なものとなり、その触れられなさが際立つことになる。ハーマンは、そうした事態の例として、ハンマーがとつぜん折れたり、友人が意外な振る舞いをしてきたりするような場合を挙げている。魅惑とは、触れられなさが際立つような接触の経験だと言える。ハーマンは、この魅惑という美的効果をモデルにして、あらゆるタイプの対象のあいだで生じる間接的な関係を説明しようと試みる。つまり、木綿と炎の関係さえも、魅惑という一般化された美的効果によって説明しうる形而上学モデルを構築しよう、というわけだ。ハーマンが目指すのは、美学にもとづいた形而上学の構築である。この意味で、「美学が第一哲学となる」[5]。これは、〈美学から形而上学へ〉という方向性だと言えるだろう。

（2）Ibid., p. 63.
（3）Cf. Graham Harman, *Guerilla Metaphysics: Phenomenology and the Carpentry of Things*, Chicago: Open Court, 2005, p. 20.
（4）Graham Harman, *Prince of Networks: Bruno Latour and Metaphysics*, Melbourne: re.press, 2009, p. 188.
（5）Graham Harman, "On Vicarious Causation," in *Collapse*, vol. II, 2007, p. 205〔グレアム・ハーマン「代替因果について」岡本源太訳、『現代思想』二〇一四年一月号、青土社、一一三頁〕.

さて、ここからは、本章冒頭で予告した演劇性にもとづく美学理論について確認していくことにしたい。右で見た魅惑の理論が〈美学から形而上学へ〉という方向性のものだとすれば、演劇性にもとづく美学理論は、それとは反対の〈形而上学から美学へ〉という方向性のものだと言える。ハーマンは、人間が美的な鑑賞をするさいにどのようなことが生じているのかについて、これまで構築してきた形而上学モデルにもとづいて、あらためて説明しようと試みる。この新たな美学理論は、二〇一四年の論文「唯物論では解決にならない」のなかで、控えめな仕方ではじめて提示された。そして、その後もいくつかの論文や本のなかで繰り返し論じられ、最終的に、二〇二〇年に出版された本格的な美学書である『芸術と対象』のなかに組み込まれるにいたっている。ここからは、ハーマン自身ももちいているピカソ作《アヴィニョンの娘たち》を鑑賞するさいの経験を例にして、この美学理論について説明することにしよう[6]。

ハーマンにしたがえば、わたしが《娘たち》を鑑賞するとき、この関係性自体がひとつの対象となり、「わたし＋《娘たち》」という新たな対象が創発する。そして、観者としてのわたしは、この新たな対象のうちに引きずり込まれることになるのだ。

ここで、つぎの点に注意をする必要がある。第一に、わたしも《娘たち》も怪奇的な対象であり、どちらも直接的な関係から退隠している、という点だ。《娘たち》は、わたしに対してキャンバス上のさまざまな性質（たとえば顔の歪みなど）を残し、自らはその背後へと退く。第二に、「わたし＋《娘たち》」もまた怪奇的な対象であり、直接的な関係から退隠している、という点である。関係主義的な哲学においては、ひとつの広大な関係のネットワークが存在する、とみなされる。あらゆるものは、その他のあらゆるものと結びつく。それに対して、オブジェクト指向存在論においては、個々の関係それ自体がひとつの自立した対象とみなされ、それを超えた広大なネットワークから切り離されることになる。最後に、注意すべき点の三つ目は、関係性における非対称性だ。ここで考察されている「わたし＋《娘たち》」は、あくまでもわたしを基点にした《娘たち》との関係性である。それを反転させて《娘たち》を基点にした場合には、これとはまたべつの関係性になる。

まとめよう。美術館を訪れ、ふと《娘たち》に目をやる。そして、その魅力に引き込まれていくにつれて、わたしは孤立した関係性空間に引きずり込まれることになる。だが、この空間のどこにも《娘たち》はいない。《娘たち》は退隠している。わたしの目のまえには、ただ《娘たち》が残していったキャンバス上の性質だけがあるのだ。

ここでハーマンは、さらに奇妙な理論を付け加える。キャンバス上の性質は、《娘たち》が退隠している以上、それとは結合できないまま浮遊することになってしまう。そこで、この性質は観者であるわたしという対象と結びつくことになる、と言うのだ。「アヴィニョンの娘たちを演じ、キャンバス上の感覚的性質の支えとなるのは、わたしである」[7]。わたしは、キャンバス上のさまざまな性質を身にまとい、不在の《娘たち》を演じるのだ。孤立した関係性空間のなかで、その空間

（6）Cf. Graham Harman, "Aesthetics and the Tension in Objects," in Niki Young (ed.), *[met]afourisms: Art Practice and Documentation*, Malta: Midsea Books, 2018, pp. 17-18.

（7）Ibid., p. 18.

を支配する不在の《娘たち》に成り代わって、わたしがそれを演じるのである。美的対象に引き込まれ、それを鑑賞しているときには、まさにこうしたことが生じている、とハーマンは主張する。

この美学理論は、あまりにも奇妙であり、そして狂っている。そんなふうに感じられるかもしれない。だが、この「狂っている」という点こそが、美的鑑賞において重要なのだ。ハーマンは、アリストテレスを引き合いに出し、観者はほとんど狂気じみていなければならない、と主張する[8]。つまり、美術作品を鑑賞するとは、退隠する対象を狂気的な仕方で没入的に演じることなのである。アートギャラリーを訪れるとき、わたしたちは狂った観者となる。そこを訪れた人々は、たがいに無関係のまま、孤立した関係性空間に引きずり込まれる。そして、それぞれの空間のなかで、狂った観者となり、退隠する美的対象を演じるのである。アートギャラリーとは、このような狂った諸空間の空間だと言えるだろう。

(8) Cf. Graham Harman, "Materialism is Not the Solution: On Matter, Form, and Mimesis," in *The Nordic Journal of Aesthetics*, no. 47, 2014, p. 109〔グレアム・ハーマン「唯物論では解決にならない——物質、形式、ミーメーシスについて」小嶋恭道・飯盛元章訳、『現代思想』二〇一九年一月号、青土社、二四三頁〕.

第4章　関係と無関係、あるいは美と崇高——ホワイトヘッドとハーマンの形而上学

本章は、アルフレッド・ノース・ホワイトヘッドとグレアム・ハーマンの形而上学を考察する。前者は有機体をモデルにし、あらゆる存在者が徹底的に関係しあう形而上学的体系を構築した。他方で後者は、たがいに触れあうことのない無関係な対象で満ちた形而上学的体系を構築している。両者の形而上学的立場のちがいは、美学的な立場のちがいと結びつく。ホワイトヘッド的美学は調和の美にもとづき、ハーマン的美学はある種の崇高にもとづく。

本章は、両者のこうした立場を対比的に考察する。そして最後に、両者が依拠する形而上学的前提を突き崩す契機を、「より強い崇高」のうちに読み取ることを試みる。

1　野蛮な侵犯者としてのホワイトヘッドとハーマン

二〇〇〇年代の後半に登場した思弁的実在論によって、二〇世紀の反実在論的傾向が告発され、

現代哲学において新たに実在論を展開する道が開かれた。

ワークショップ「思弁的実在論」の登壇者のひとり、カンタン・メイヤスーは、カント以降、現代にいたるまで、哲学の暗黙の前提となってきた考え方を「相関主義」(corrélationisme)と名づける。(1)相関主義とは、思考と存在の相関のみをあつかいうる、と考える立場だ。わたしたちは、思考による意味づけを欠いた存在そのものについて語ることはできないし、反対に、対象の存在を欠いた純粋な思考も不可能である。かならずそこには、思考と存在の相関がある。哲学があつかいうるのは、この相関でしかない。

だが、大胆な実在論者であれば、思考と存在の相関を引き裂き、思考による意味づけを免れた実在そのもののあり方について語ろうとするだろう。しかし、そうした実在は語られたとたん、思考との相関項に転じてしまう。「なにか絶対的なものを思考することは、けっきょくわたしたちにとっての絶対的なものを思考することであり、それゆえ絶対的なものについてはなにも思考することはできない」(2)。相関の外部に触れたとたん、それは相関の内部に引き戻されてしまう。ここには、思考と存在の循環構造がある。メイヤスーはそれを「相関的循環」(cercle corrélationnel)と呼ぶ。哲学は、カント以降、相関的循環という強力な重力圏のうちにとどまりつづけてきたのだ。

思弁的実在論は、この重力圏の外部へと脱出することを切望する者たちの集まりだ。「思弁的実在論の最初の論者たちは、相関主義を拒否するという点で一致していたと言って間違いない」(3)とハーマンは振り返る。では、どうやって相関主義を脱するのか。その戦略は、メイヤスーとハーマンとでは対照的である。

メイヤスーは、相関主義の論証の強さを認め、それにじっくりと付き従うなかで、そこからの抜け道を探し当てていく。メイヤスーによれば、相関主義はじつは思考と存在の相関から外れた絶対的なものを前提している。相関主義は観念論に反駁するさいに、この絶対的なものをもちいざるをえない。[4] メイヤスーは、相関主義が秘密裡に依拠するこの絶対的なものを取り上げ、そこから一点突破をはかるような仕方で、相関的循環の外部へと抜け出していく。相関的循環という重力圏の内部に深く潜り込み、その奥底に、外部へとつうじた秘密のワームホールを見つけだすこと。それがメイヤスーの戦略だ。

これに対してハーマンは、そもそも相関主義を相手にしない、という戦略を取る。メイヤスーは、相関主義による論証の強さを認めていた。だが、ハーマンからすれば、それはただたんにひどい論証であり、まじめに付き従うに値しないものだ。[5] それゆえハーマンは、相関主義との関係をあっさ

（1）Cf. Quentin Meillassoux, *Après la finitude: Essai sur la nécessité de la contingence*, Paris: Seuil, 2006, p. 18〔カンタン・メイヤスー『有限性の後で——偶然性の必然性についての試論』千葉雅也・大橋完太郎・星野太訳、人文書院、二〇一六年、一五－一六頁〕.

（2）*Ibid.* p. 82〔同書、九〇頁〕.

（3）Graham Harman, *Speculative Realism: An Introduction*, Cambridge: Polity Press, 2018, p. 4〔グレアム・ハーマン『思弁的実在論入門』上尾真道・森元斎訳、人文書院、二〇二〇年、一二頁〕.

（4）この絶対的なものとは「事実性」（facticité）である、とメイヤスーは言う。議論の詳細は、メイヤスー『有限性の後で』第3章を参照。

りと断ち切る。メイヤスーの戦略が鮮やかでスタイリッシュなものであるのに対して、ハーマンの戦略はあまりに野蛮である。相関主義との論争にいったん足を踏み入れたならば、なにを提示しても思考との相関物とされてしまうだろう。一回多く言った者が暫定的に勝利するだけの泥沼の論争だ。そこでハーマンは、相関的循環の強大な重力を一挙に振り切るほどの速度で、その外部へと抜け出していく。そして、思考との相関から解き放たれた存在そのものを提示し、人間不在の世界で生じる事物どうしの因果関係について大胆に語りだす。これがハーマンの戦略だ。

カント的伝統を引き継いだ正統派の現象学者からすれば、ハーマンの言説は奇妙で驚くべきものに映るだろう(6)。人間の意識による意味づけを越えたところで生じる事物どうしの衝突。そうした事態を描くハーマンの哲学は、あまりに斬新なものに映るかもしれない。あるいは、そもそもこれは哲学なのか、と訝しく思われるかもしれない。だがそうした反応は、現代哲学の表街道を行く者の反応である。王道から逸れた反カント主義的な哲学、ハーマンの表現を借りれば「X学派(7)」というものがある。ハーマンには先駆者たちがいるのだ。

とりわけ、ハーマンにとって重要なのはホワイトヘッドだ。ハイデガーの研究者であったハーマンを、相関的循環の外部へと強く押し出していったのは、ホワイトヘッドである。ハーマンは、自らの立場であるオブジェクト指向哲学を提示した最初の著作『道具存在』のなかで、つぎのように述べている。

哲学を人間による世界へのアクセスへと制限することから、もっとも力強く解放してくれるのは、過去のあらゆる偉大な哲学者たちのなかで、ホワイトヘッドをおいてほかにはいない[8]。

ハーマンは、相関主義を脱しているという点で、ホワイトヘッドと同様にブリュノ・ラトゥールを肯定的に評価している[9]（本書第7章参照）。ラトゥールにかんしては、二冊もまとまった著作を書くほどである。だが、ハーマンがラトゥールについて知ったのは比較的あとになってからのことであり[10]、じっさいに彼が現象学から離反し、実在論的形而上学を構築するきっかけをつくったのはホワ

（5）ハーマンは、つぎのように述べている。「わたしたちは〈わたしたちにとっての木〉へと変換することなしに、木そのものを思考することはできないという相関主義者のなじみの論点は、メイヤスーからすれば強力な論証であって、繊細な論理的手続きによって乗り越えられなければならないものだ。だが、この論証は、わたしにとって出発点からひどい論証である」（Harman, Graham, *Quentin Meillassoux: Philosophy in the Making*, Edinburgh: Edinburgh University Press, 2011, p. ix）。

（6）現象学者の岩内章太郎は、ハーマンの言説に対してつぎのような「驚き」を示している。「ハーマンのオブジェクト指向存在論は驚くべきテーゼで始まる。オブジェクトと人間の関係だけでなく、オブジェクトとオブジェクトの関係も対等に扱おうと言うのだ」（岩内章太郎『新しい哲学の教科書――現代実在論入門』講談社選書メチエ、二〇一九年、九七頁）。「したがって、オブジェクトを指向するとは、オブジェクトそれ自体に、そしてオブジェクトとオブジェクトの関係それ自体にむかうことを意味する。斬新な考えである」（同書、九八頁）。

（7）Graham Harman, *Prince of Networks: Bruno Latour and Metaphysics*, Melbourne: re.press, 2009, p. 6.

（8）Graham Harman, *Tool-Being: Heidegger and the Metaphysics of Objects*, Chicago: Open Court, 2002, p. 232.

（9）ハーマンがラトゥールを中心的にあつかった著作には、つぎの二冊がある。Graham Harman, *Prince of Networks: Bruno Latour and Metaphysics*, op. cit.; Graham Harman, *Bruno Latour: Reassembling the Political*, London: Pluto Press, 2014.

イトヘッドであったと言える。

ホワイトヘッドとともに、野蛮な侵犯を謀ること。相関的循環の重力を振りほどき、「大いなる外部[11]」へと一直線に飛び立つこと。ハーマンは、そうした試みをつうじてオブジェクト指向哲学を構築した。わたしたちは、思考による意味づけの外部に存在する事物そのものに触れている――このごく日常的な信念にもとづいて、ホワイトヘッドとハーマンは、実在論的な形而上学体系をつくりあげたのである。

しかし、この野蛮な侵犯の共犯者たちがむかうさきは、おおきく異なっていた。ハーマンのうちには、もちろんハイデガーからも引き継がれた要素がある。ハーマンは、つぎのように述べている。少し長いが論点は明確である。

〔…〕わたし自身のオブジェクト指向の立場は、ハイデガーとホワイトヘッドの要素を同時に兼ね備えた建設的で体系的な哲学への最初の試みである、と言って良いだろう。あらゆる現前からの対象の退隠（withdrawal）は、わたしのモデルのハイデガー的側面であり、〈人間‐世界〉という独占的関係の徹底的な解体はホワイトヘッド的側面である。このふたつが組み合わされることはめったにない。ハイデガーによって駆り立てられた（デリダのような）哲学者は、一般に現前の欠如については多くのことを語るが、感覚を持った観察者がいないところで生じる無生物的関係についてはなにも語らない。また、ホワイトヘッドによって駆り立てられた（ラトゥールのような）哲学者は、関係について多くのことを語るが、あらゆる現前から覆い隠された実在に対しては一

般にアレルギー反応を示す。(12)

ハーマンのオブジェクト指向哲学のうちには、ハイデガー的側面とホワイトヘッド的側面がある。前者は対象の退隠（隠れること）であり、後者は相関的循環からの徹底的な離脱である。ハーマンにしたがえば、オブジェクト指向哲学は、これら二側面の結合という哲学の歴史上ひじょうに稀な合わせ技によってできあがっている。

ハイデガー的側面を持つ哲学者は、退隠や超越といったことを重視するが、それらをあくまでも人間を起点にして考える。彼らは、相関的循環の重力圏にとどまりつづける。それに対して、ホワイトヘッド的側面を持つ哲学者は、相関的循環を断ち切り、思考する人間の特権性を解体して、あ

(10) ハーマンは、つぎのように述べている。「わたしは一九歳から二九歳までの一〇年間、あたかも牢獄のなかにいるかのようにハイデガーの哲学のなかで暮らしていた。だが、ふたりの書き手がこの牢獄からわたしを解き放った（かの素晴らしきブリュノ・ラトゥールは、このふたりには含まれない。彼の著作をはじめて読んだのは、その後ほどなくしてのことであった）。そのうちのひとりはホワイトヘッドであり、もうひとりはハイデガーの学生でもあった、スペイン・バスクの忘れられた哲学者ハビエル・スビリであった〔…〕」(Graham Harman, "Another Response to Shaviro," in Roland Faber and Andrew Goffey (eds.), *The Allure of Things: Process and Object in Contemporary Philosophy*, Bloomsbury: London, 2014, p. 38.)。

(11) Meillassoux, *Après la finitude*, *op. cit.*, p. 22〔メイヤスー『有限性の後で』前掲書、一九頁〕.

(12) Graham Harman, "Response to Shaviro," in Levi Bryant, Nick Srnicek and Graham Harman (eds.), *The Speculative Turn: Continental Materialism and Realism*, Melbourne: re.press, 2011, p. 293.

らゆるタイプの存在者について平等に語る。しかし、そうした存在者の世界のうちに、退隠や断絶、徹底した無関係性を見いだすことはない。存在者は相互に関係しあうことで成り立つ、とされる。オブジェクト指向哲学は、こうした相反する二側面を引きあわせた絶妙なバランスのうえに成り立っている。

ここまで確認してきたことをまとめよう。ホワイトヘッドとハーマンは、ともに相関的循環の重力を振り切り、人間だけでなくあらゆるタイプの存在者を平等にあつかう実在論的形而上学の構築へ向かう。しかし、ふたりが描く実在の世界は、まったく異なる。ハーマンが描く世界では、存在者のあいだに退隠や断絶がある。これに対して、ホワイトヘッドが描く世界では、存在者は関係によって密接につながりあう。そこに根本的な断絶や退隠はない。関係的実在論のホワイトヘッドと非関係的実在論のハーマン。さしあたりこのように整理することができるだろう。

ところで、スティーヴン・シャヴィロは、以上のようなホワイトヘッドとハーマンのちがいについて、つぎのように述べている。

ホワイトヘッドとハーマンのちがいは、わたしが思うに、美しさの美学と崇高の美学のちがいとしてもっともよく理解することができる。[13]

両者の形而上学的立場のちがいは、異なる美学的立場への親和性として表現しなおすことができるだろう。ハーマンが留保つきで認めているように、シャヴィロによるこの対立軸の設定は、ある程度、有効なものであるように思われる（本章3－2参照）。ホワイトヘッドとハーマンのあいだにある、関係と無関係をめぐる形而上学的対立は、美と崇高をめぐる美学的対立に結びつく。この美学的対立のうちに、両者の立場の根底にある、存在者のあり方にかんする直観のちがいを見て取ることができるように思われる。以下、両者の形而上学的立場とそれに関連する美学的立場について考察することにしたい。

2　ホワイトヘッドの有機体の哲学

2－1　ホワイトヘッドの形而上学

ホワイトヘッドは、後期の主著『過程と実在』のなかで、「有機体の哲学」（philosophy of organism）という形而上学的体系を提示した。この体系は、「実体の哲学」の乗り越えを目指して構築された。まずは、この点について確認しよう。

ホワイトヘッドは、同書の序文で、哲学に流布する九つの誤った考え方を挙げている。そのうちのひとつは、「空虚な現実態（vacuous actuality）の学説」[14]と呼ばれる。「「空虚な現実態」の概念は、

(13) Steven Shaviro, "The Actual Volcano: Whitehead, Harman, and the Problem of Relations," in Levi Bryant, Nick Srnicek and Graham Harman (eds.), *The Speculative Turn: Continental Materialism and Realism*, Melbourne: re.press, 2011, p. 288.

「実体への性質の内属」の概念とひじょうに密接に結びついている」[15]とホワイトヘッドは言う。彼にとって、この世界に存在するものを実体とみなすことは、誤った考え方なのである。ホワイトヘッドは、アリストテレスとデカルトによる実体の定義を参照している。[16] アリストテレスにしたがえば、第一実体とは「なにかある基体について言われることもなければ、なにかある基体のうちにあることもないもの」[17]を意味する。また、デカルトによれば、実体とは「存在するために他のいかなるものをも必要とせずに存在するもの」[18]である。ホワイトヘッドにとって、このようにそれ自体で自立的に存在する実体は、空虚な現実態にすぎない。他のものと関係しながら、自己自身をつくりあげていく存在者こそが、具体的な現実態なのである。実体という空虚な現実態を破棄し、相互に関係しあう具体的な現実態を描き出すこと。これが有機体の哲学の目的である。

しかし、認識主体を実体とみなす考え方は、近代哲学のうちに暗黙の仕方で広く浸透している、とホワイトヘッドは指摘する。経験主体は実体であり、経験のうちには外部の存在者を指し示す要素はまったくない。経験は、ただ「赤い」といった普遍的な性質のみで彩られている。経験主体をこのようにとらえる見方を、ホワイトヘッドは「主観主義的原理」(subjectivist principle)と名づける。この原理が前提されることによって、わたしの経験を越えた外部の存在者の声は完全にかき消されることになる。ホワイトヘッドは、カントやヒュームにおいても、この主観主義的原理が暗黙の仕方で前提されているのだと指摘する。主観主義的原理は、カントにいたって完成される。そこで、ホワイトヘッドは「カント以前の思考様式への回帰」[19]を目指す。カント以前の局面、とりわけ「デカルトではじまりヒュームでおわった哲学思想の局面」[20]へと立ち戻り、彼らのテクストの詳細な読解をつうじて、主観主義的原理と矛盾する要素を引き出そう、というのがホワイトヘッドの戦略だ。

　だが、なぜ主観主義的原理は退けられなければならないのだろうか。存在するものを実体とみなすことは、なぜ誤りなのか。それは、ホワイトヘッドにしたがえば、存在者を実体とみなすことは理論的な困難をもたらし、さらには、それがわたしたちの日常的な経験と合致しないからである。実体を理論的な出発点とした場合、その体系において実体どうしの関係を描くことは困難になってしまう。その帰結としてもたらされるのは、「それぞれが幻覚じみた経験を享受している孤独な実体たち」[21]があふれた世界でしかない。しかし常識的な直観にしたがえば、わたしたちはそうした孤

（14）Alfred North Whitehead, *Process and Reality*, New York: Free Press, 1978, p. xiii〔アルフレッド・ノース・ホワイトヘッド『過程と実在』上／下、山本誠作訳、『ホワイトヘッド著作集』第一〇／一一巻、松籟社、一九八四／一九八五年、v頁〕.
（15）*Ibid.*, p. 29〔同書、四八頁〕.
（16）*Ibid.*, p. 50〔同書、八四頁〕.
（17）アリストテレス『カテゴリー論』2a11〔アリストテレス「カテゴリー論」山本光雄訳、『アリストテレス全集1』岩波書店、一九七一年〕。
（18）René Descartes, *Principia philosophiae*, in Charles Adam & Paul Tannery (eds.), *OEuvres de Descartes*, vol. VIII-1, Paris: J. Vrin, 1973, Pars Prima, LI, p. 24〔ルネ・デカルト『哲学原理』三輪正・本多英太郎訳、『デカルト著作集3』白水社、一九九三年、六〇頁〕.
（19）Whitehead, *Process and Reality*, *op. cit.*, p. xi〔ホワイトヘッド『過程と実在』前掲書、ii頁〕.
（20）*Ibid.*〔同書、i頁〕.
（21）*Ibid.*, p. 50〔同書、八四頁〕. 傍点引用者。

独な実体ではない。「わたしたちは、仲間の被造物たちからなる民主主義のただなかで、ざわめく(buzzing)世界のうちにいる」[22]。わたしたちは、多くの存在者たちから成る民主主義的な宇宙のなかで、絶えずそれらのざわめきに晒されているのだ。

ホワイトヘッドは、つぎのような例を挙げている。

〔…〕八月の森林地帯に赴き、昆虫たちが低くうなり声を発しているのをぼんやりと耳にすれば、まわりの自然から自分自身のうちへといろいろな感じが押し入ってくることに圧倒されるだろう。眠りに落ちるまえ、ぼんやりとした意識のなかで感覚の現前は薄れていき、周囲のおぼろげな諸事物が影響してくるあいまいな感じが残りつづける[23]。

常識的な見方にしたがえば、わたしは、外部のさまざまな事物や過去の自分自身の記憶など、いまここを越えたあらゆるものからの影響を受け取っている。けっして孤立した実体ではない。世界のうちで多くの存在者たちがざわめきあっている。存在者たちは、そうした反響を受け取ることで自己自身をつくりあげているのだ。

ホワイトヘッドは、こうした常識的な直観を形而上学的体系へと練り上げていく。以下では、ホワイトヘッドが積極的に描き出した宇宙像について詳しく見ていくことにしよう。

まず、実体は、そのつど生成消滅する瞬間的な契機へと解体される。ホワイトヘッドは、こうして見いだされる、そのつどその瞬間の出来事的存在を「現実的存在」(actual entity)ないし「現実的契機」（*actual occasion*）と呼ぶ。実体ではなく、現実的存在が宇宙の基礎的な存在とされる。人間の経験や身体の細胞、電子、太陽、ピラミッドなど、あらゆるタイプの存在者が現実的存在として語られることになる。

　現実的存在は、自らに先行する他の現実的存在を「抱握」（prehension）という関係的な働きによって受け止める。たとえば、〈原稿を執筆しているわたしの意識的経験〉という現実的存在は、一瞬まえの〈ふとアイデアが思い浮かんだ経験〉という現実的存在を与件として抱握している。さらに、わたし自身の過去の経験だけでなく、そばで寝ている猫や手元のマグカップなどさまざまな現実的存在を（そして原理的にはこの宇宙のすべての現実的存在を）与件として抱握しているのである。〈わたしの経験〉というこの現実的存在は、こうした与件のどれひとつを欠いても、この現実的存在としては成立しえない。現実的存在は、他のあらゆる現実的存在を構成要素として抱握し、それらと関係することによって固有の自己へと生成していく。無数の現実的存在を無数の抱握によって受け止めるのである。これら無数の抱握が整序され、ひとつの完結した抱握へと統合される過程が、合生（concrescence）と呼ばれる。現実的存在は、合生《コンクレッサンス》の過程を経ることで、最終的に具体的《コンクリート》な統一性を獲得する。

　宇宙のあらゆるものとの関係をとおして、具体的な統一性を獲得するにいたった現実的存在は、

（22）*Ibid.*〔同書〕. 傍点引用者。
（23）*Ibid.*, p. 176〔同書、三〇六頁〕.

その生成過程を終えるとそのつど消滅する、とホワイトヘッドは言う。たとえば岩石などのように、自己同一性を保持したまま存在しつづけているように見えるものも、じつは無数の現実的存在がつぎつぎと生成消滅を繰り返し、それらが通時的に連なっていった結果として存在しているのである。ホワイトヘッドは、このように現実的存在が生成を終えて消滅するというあり方を、ロックの表現を借用して「絶えざる消滅」（perpetual perishing）と呼ぶ[24]。

しかし、この絶えざる消滅という側面は、現実的存在の半面でしかない。合生の過程を終えて消滅した現実的存在は、「客体的不滅性」（objective immortality）を獲得するのだと言われる。具体的な統一性を獲得した現実的存在は、主体としては消滅する。しかしそれは、後続するあらゆる現実的存在に対して客体として機能するのであり、この点において不滅となる。〈原稿執筆をしているわたしの経験〉という現実的存在は、合生の過程を終えると、後続するわたしの経験やそばで寝ている猫、マグカップといったあらゆる現実的存在のうちへと抱握されていく。そして、そうした存在者たちの内部で、その合生過程を制約する客体として機能するようになる。現実的存在は、関係によってつくられ固有な存在者として完成すると、今度は他のものとのさらなる関係のうちへと投げ込まれていく。このように有機体の哲学は、実体を解体し、それを、他のものとの関係に徹底的につらぬかれた無数の現実的存在に置き換える。

ホワイトヘッドは、こうした徹底した関係性を表現したものとして、「相対性原理」（principle of relativity）という根本的原理を提示している。

普遍的相対性原理は、「実体は、なにかある基体のうちにあることはない」というアリストテレスの言葉をただちに拒否する。反対にこの原理にしたがえば、現実的存在は他のもろもろの現実的存在のうちに存在して（present in）いる。関連にさまざまな度合いがあり、無視しうるほどの関連もあるということを考慮に入れるならば、じっさい、すべての現実的存在が他のすべての現実的存在のうちに存在しているのだと言わなければならない。[25]

アリストテレスの実体の定義にしたがえば、ある実体のうちに他の実体が入り込むことはありえない。それは独立した存在者である。しかし、ホワイトヘッドの相対性原理は、そうしたあり方を否定する。この原理にしたがえば、現実的存在は、他の現実的存在のうちに文字どおりに入り込んでいくのだ。ホワイトヘッドは、「現在のうちで活動する過去の内在説[26]」を主張する。過去の現実的存在が、現在のうちに内在しているのである。抱握された過去・外部の現実的存在は、合生過程にある現実的存在のうちに内在し、それを内側からつくりあげていく。抱握という関係が有する連続性は、ひじょうに強いものになっている。さらに、その関係の範囲もきわめて広範だ。右の引用で

（24）*Ibid.*, p. 60〔同書、一〇二頁〕.
（25）*Ibid.*, p. 50〔同書、八五頁〕.
（26）Alfred North Whitehead, *Adventures of Ideas*, New York: Free Press, 1967, p. 188〔アルフレッド・ノース・ホワイトヘッド『観念の冒険』山本誠作・菱木政晴訳、『ホワイトヘッド著作集』第一二巻、松籟社、一九八二年、二五九頁〕.

述べられているように、ある現実的存在のうちには、先行するすべての現実的存在が内在することになる。有機体の哲学が描く宇宙は、こうした強力で広範な関係性によって織り上げられている。

2-2 ホワイトヘッドの美学

ここまで、ホワイトヘッドの形而上学について確認してきた。彼の形而上学は、ある美学的な立場と結びついている。シャヴィロの整理にもとづけば、ホワイトヘッドは「美しさの美学」の立場に立っている。もっと言えば、調和の美だ。この点を確認することにしよう。

ホワイトヘッドは、『過程と実在』の後に書かれた『観念の冒険』第四部のなかで、「真」(Truth)、「美」(Beauty)、「冒険」(Adventure)、「芸術」(Art)、「平安」(Peace) という五つの概念を駆使することによって、宇宙論的観点から文明論を描き出そうと試みている。このうちのとくに美と芸術の概念に着目し、見ていくことにしよう。

だがそのまえに、これらの概念の前提となっている「現象」(appearance) と「実在」(reality) という概念についておさえておこう。ホワイトヘッドは、実在についてつぎのように説明する。

最初の受容相の客体的内容は、その契機にあたえられたものとしてのリアルな先行する世界である。これが「実在」であり、創造的前進はそこから出発する。それは新しい契機の根底的事実であり、その調和と不調和が新しい被造物における整序を待っている。そこには、客体的不滅性の機能を行使する現実的過去のリアルな作用者以外なにもない。[27]

現実的存在が合生過程を出発させる最初の段階（「最初の受容相」）には、抱握によって受容された過去のあらゆる現実的存在が内在している。合生過程の根底には、先行する世界そのものが内在しているのだ。そこには、固有の個体性を主張しあう無数の現実的存在があふれている。容易に両立しうるものもあれば、たがいに対立しあうものもあるだろう。それらをなんとか整序し、構成要素として吸収することによって、固有の自己自身へと生成すること。それが、ホワイトヘッドの言う「創造的前進」だ。創造的前進の足場をなす合生過程の最初の相が、ここで実在と呼ばれている。

これに対して現象とは、合生過程における主体的な整序の結果生じるものを意味する。[28] 実在を基盤にして、現象が生み出されるのだ。

ホワイトヘッドは、こうして定義された現象と実在という概念をもちい、先ほどの五つの概念について語っていく。まず、美について確認しよう。ホワイトヘッドはつぎのように述べている。

美とは、経験のさまざまな項どうしが最大限の効果を生み出すために内的に順応することである。このように美は、実在のさまざまな構成要素どうしの関係とも、現象のさまざまな構成要素どうしの相互関係とも、さらには現象と実在の関係ともかかわる。こうして、経験のいかなる部分も

（27）*Ibid.*, p. 210〔同書、二八九頁〕.
（28）Cf. *ibid.*, p. 211〔同書、二九〇頁〕.

美的でありうる。宇宙の目的論は、美の産出に向けられている。[29]

ホワイトヘッドがここで定義する美は、ひじょうに広い意味を持つ。合生過程において、なんらかの順応や調和が認められれば、そこには美がある。それは、実在の要素どうしの関係でも、現象の要素どうしの関係でも、あるいは実在と現象の関係でも良い。宇宙は、こうした広い意味での美を生み出すことを目指している。

これに対して、真は限定された狭い意味を持つ。「[…]真は、いかなる重要な意味においても、たんに現象と実在の関係にかかわるにすぎない。それは、現象の実在に対する順応である」[30]とホワイトヘッドは言う。現在の契機のうちで生み出された現象が、先行する世界そのものである実在に順応することが、とくに真と呼ばれているのである。

さて、ここで芸術が重要になる。「芸術の完成が有するただひとつの目的は、真的美である」[31]とホワイトヘッドは言う。真は美の一形態であるが、美はかならずしも真を含まない。そこで、真と美を結びつける働きをするのが、芸術である。

美が現象のうちでのみ実現された場合、そこには実在との密接な関連が欠如することになる。とはいえ、現象の構成要素はたがいに関連しあうため、そこにもある程度の調和がもたらされている。そこに芸術が介入してくる。「現象が美だけでなく真を獲得したとき、より広い意味の調和が生み出されるのはあきらかだ」[32]とホワイトヘッドは言う。現実的存在は美だけでなく真をも獲得することによって、実在との密接な関連を手にすることになり、そこにさらなる調和がもたらされることになる。このように美と真を結びつけ、ある種の重厚感をもたらす働きが芸術である。ホワイトヘッドは、以上の芸術の働きについて、ゴシック建築を例に挙げながらつぎのように説明している。

これこそ、わたしたちが偉大な芸術のうちに見いだすものである。構図の細部そのものが、それ自体でこのうえなく生き生きとしている。それらは個性を主張しつつも、全体に貢献する。個々の細部は、全体から荘厳さを付加されるが、それでもそれ自体で注意を引きつける個性を発揮している。／一例を挙げれば、ゴシック式大聖堂（たとえばシャルトル大聖堂）の彫刻と狭間飾りは、調和に貢献している。[33]

抱握をとおしてさまざまな要素どうしが密接に関係しあい、個と全体がたがいに貢献しあう宇宙。関係によって徹底的に貫かれた、宇宙規模のゴシック建築のような調和。それが、有機体の哲学から導かれる美である。

(29) *Ibid.*, p. 265〔同書、三六五頁〕.
(30) *Ibid.*〔同書〕.
(31) *Ibid.* p. 267〔同書、三六八頁〕.
(32) *Ibid.* p. 268〔同書、三六九頁〕.
(33) *Ibid.* p. 282〔同書、三九〇頁〕.

3 ハーマンのオブジェクト指向哲学

3-1 ハーマンの形而上学

ハーマンの形而上学について確認しよう。彼は、最初の著作である『道具存在』において、独自の形而上学的立場であるオブジェクト指向哲学を提示した。その後も一貫してこの立場にもとづいて、多くの著作を発表している。

ハーマンのこれまでの経歴は、おおざっぱに三つの時期に分けることができるように思われる。第一の時期は、二〇〇二年に『道具存在』、二〇〇五年に『ゲリラ形而上学』を出版し、それによって自らの立場を確立し、二〇〇七年にメイヤスーらとワークショップ「思弁的実在論」を開催したあたりの時期である。この第一の時期は、美学が重視されていた。

そして第二の時期は、思弁的実在論の実質的な分裂を経て、二〇一〇年にレヴィ・ブライアントらとともにカンファレンス「オブジェクト指向存在論」を開催し、二〇一一年に『四方対象』を出版したあたりの時期である。この第二の時期では、美学というテーマはあまり前景には出なくなる。他方で、対象と性質の四項図式から成る範疇が提示され、思想的グループとしてのオブジェクト指向存在論にとってのプラットフォームが整備された。

さらに、第三の時期は、美学を中心的にあつかった論文をふたたび発表しはじめた二〇一四年ごろからそれ以降の時期である。この時期にハーマンは、所属をカイロ・アメリカン大学から南カリフォルニア建築大学へ移している。近年、第一の時期とは異なった観点から美学をめぐるテーマが論じられている（この点は3－2で確認する）。

さしあたり、以上のような仕方でハーマンの経歴を整理することができるだろう。これらの時期をつうじて理論的に発展した部分もあるが、オブジェクト指向哲学の基本テーゼは初期から変わっていない。そのテーゼとは、対象は関係から退隠し自立している、というものだ。逆にこのテーゼに反して、自立的な対象をべつのものへ還元するような哲学的立場はハーマンの論敵となる。ハーマンはそうした論敵について整理し、それらとの差異化を図ることで自説の特徴を際立たせている。以下、この点を確認することにしよう。

ハーマンは、オブジェクト指向哲学にとっての論敵をふたつのタイプに分けている。それぞれ、「下方解体」（undermining）と「上方解体」（overmining）と呼ばれる。下方解体の哲学とは、対象をより根源的な実在とされるものへ還元するタイプの哲学を指す。さまざまなアルケーを見いだすソクラテス以前の哲学や、シモンドンの「前個体的なもの」の哲学、ベルクソンやドゥルーズによる「生成の根源的流動」の哲学などがこのタイプに分類される。[34] ハーマンにしたがえば、これら下方解体の哲学は、根源的な実在性を有した「より深い未規定の基盤」[35]を対象の下方に設定し、対象はそこから派生すると考える。

これに対して上方解体の哲学は、対象をその上方の表層的なものへ還元するという戦略を取る哲

（34）Harman, *The Quadruple Object*, Winchester: Zero Books, 2011, pp. 8-9.
（35）*Ibid*., p. 10.

学だ。下方解体が、対象がなにからできているのかを問うのに対して、上方解体は、対象がなにをもたらすのかを問う。対象そのものを消し去り、それがもたらす効果へと還元するのが上方解体である。

ハーマンは、上方解体の哲学に属すものとして、「相関主義」（correlationism）と「関係主義」（relationism）を挙げる。本章第1節で確認したように、相関主義は、思考と存在の相関を重視する立場である。それは、対象そのものの存在を、人間の思考に対する効果に還元しているのだと言える。他方で、関係主義は、事物どうしの関係を重視する立場を意味する。ハーマンは、つぎのように説明している。

この〔相関主義という〕立場の変種として、「関係主義」と呼びうるような、人間中心的ではない立場を挙げることができるだろう。それは、アルフレッド・ノース・ホワイトヘッドとブリュノ・ラトゥールの著作のうちに、もっともはっきりと見て取れるものだ。関係主義の哲学は、あらゆる関係に人間がふくまれなければならない、という主張に対してはノーを突きつける。だが他方で、事物は他の事物との関係の総体であり、それ以上のものではない、となおも主張する。[36]

ここで述べられているように、関係主義の代表的な哲学者は、ホワイトヘッドとラトゥールである。ハーマンにしたがえば、彼らは相関主義を脱し、人間の思考と相関的ではない事物そのものについて語る。人間は脱中心化され、あらゆる存在者が平等にあつかわれるのだ。こうして事物は、人間の思考との相関から解き放たれる。しかしその一方で、彼らにとって事物の実在性は、他の事物との関係によって規定される。２－１で確認したように、ホワイトヘッドの体系において、現実的存在は、他の存在者を抱握することによって自らをつくりあげるのだとされる。現実的存在は関係の総体であり、そうした関係なしにはそれ自身として存在しえないのである。

　このように関係主義は、対象そのもの、事物そのものを、（ハーマンからすれば）その表層で成立しているにすぎない関係性へと還元してしまう。現代の学術研究においては、独立した事物・実体を忌避し、関係性や相互作用、文脈を重視する関係主義的な発想が一種のパラダイムになっている、とハーマンは指摘する。[37]「実体の復活」を標榜し[38]、自立的な対象を擁護するハーマンにとって、関係主義は現代におけるもっとも手強い中心的な論敵なのである。

　しかし、関係主義のなにが問題なのだろうか。ハーマンは関係主義の理論的な問題点をふたつ挙げている。そのひとつは、無限後退に陥るというものである。ハーマンは、ホワイトヘッドの哲学にかんして、つぎのように述べている。

（36）Graham Harman, "Zero-Person and the Psyche," in David Skrbina (ed.), *Mind That Abides: Panpsychism in the New Millennium*, Amsterdam: John Benjamins Publishing Company, 2009, p. 260.
（37）Cf. Harman, *Tool-Being*, *op. cit.*, p. 174.
（38）Cf. Graham Harman, *Guerilla Metaphysics: Phenomenology and the Carpentry of Things*, Chicago: Open Court, 2005, p. 78.

無限連鎖講〔＝ネズミ講〕において、富はピラミッド構造から独立には存在せず、それはつねにつぎの世代の出資者によってあたえられなければならない。ホワイトヘッドの場合、このピラミッド構造の向きは逆向きになっており、私的な実在性とされるものは、まえの世代の抱握に由来するにすぎない。言いかえれば、連鎖のどの時点においても、けっして実在性はあらわれないのだ(39)。

ホワイトヘッドにしたがえば、現実的存在は「私性」(privacy)を持つ。だがハーマンは、ホワイトヘッドの体系内で存在者が私性を持つことは原理的に不可能であると主張する。ホワイトヘッドのモデルの場合、存在者が有する私的な実在性は、先行するものとの関係によって成り立っている。現実的存在は、「抱握の束」以上のなにものでもない、とハーマンは指摘する(40)。したがって存在者の私的な実在性は、先行する存在者の実在性に由来することになるが、その先行する存在者の実在性もまた、さらに先行する存在者の実在性に由来することになる。このように、ある存在者の私的な実在性を確保しようとしても、つぎつぎと先行するものへ遡っていくことになってしまう。ホワイトヘッドのモデルは、こうした関係の無限後退に陥っているのであり、けっきょくどこまでいっても私的な実在性を確保することにはならない。ハーマンからすれば、最初から存在者を、関係から切り離された自立的なものとしてとらえるべきなのである。

ハーマンは、対象のこうした非関係的なあり方を、ホワイトヘッドがもちいる用語に独自の解釈をくわえることによって表現している。2－1で確認したように、ホワイトヘッドは否定的なニュアンスを込めて、実体を「空虚な現実態」と呼んでいた。ハーマンは、この用語の意味をずらしてもちいる。[41]対象は「空虚な現実態」である、とハーマンは言う。だがそれは、「空虚に封じられた非関係的実在」(vacuum-sealed and non-relational reality)[42]という意味においてだ。対象は、空虚によって取り囲まれ、他のものとの関係から徹底的に隔絶されている。この意味において、対象は「空虚な現実態」なのである。ハーマンにしたがえば、「世界は、あらゆる関係から退隠し、自らの私的な空虚に住まう対象で満ちている」[43]。対象は、乗り越え不可能な空虚の彼方へと退隠しているのだ。

このように、ハーマンにとって対象とは、関係から退隠する非関係的な実在を意味する。非関係的なものであるからこそ、たとえば道具は壊れることができる。

〔…〕道具が他のあらゆる存在者との機能的関係以上のものでないとすれば、それは壊れることができないだろう。なにかが壊れるためには、それが現在もたらしている効果や影響のしたに頑固な余剰(surplus)を含んでいなければならない。それはいつの日か、ある症状のように噴出し、

(39) Harman, "Response to Shaviro," op. cit., p. 297.
(40) Cf. ibid., p. 296.
(41) ハーマンは、最初の著作である『道具存在』のなかでつぎのように述べている。「『道具存在』は空虚な現実態の理論である。〔…〕わたしは「空虚な」という語を文字どおりにとらえ、空虚のうちにあり、他の対象とのいかなる偶有的な衝突からも切り離された道具存在の実在を指し示すものとしてもちいる」(Harman, *Tool-Being*, *op. cit.*, p. 228)。
(42) Graham Harman, *Bells and Whistles: More Speculative Realism*, Winchester: Zero Books, 2013, p. 224.
(43) Harman, *Guerilla Metaphysics*, *op. cit.*, p. 86.

わたしたちに真剣にとりあつかうことを要求する。[44]

道具は機能的関係のネットワークから退隠し、自らのうちに余剰を抱え込んでいる。だからこそ、とつじょそうした余剰を噴出させ、機能的な役割を放棄して、壊れることが可能になる。オブジェクト指向哲学が描く世界は、こうした非関係的な実在で満ちあふれている。

3-2 ハーマンの美学

以上のようにハーマンは、空虚のうちへ退隠する非関係的な対象のモデルを構築した。しかし、日常的な態度にしたがえば、対象がなんらかの仕方で関係しているということもまた事実である。そこでハーマンは、対象の自立性を保持したまま、それらをなんとか関係させるという困難な課題を抱えることになる。

本質的に非関係的な対象をなんとか関係させるというこの矛盾した課題は、「代替因果」(vicarious causation) という理論によって説明される。そしてこの理論の鍵となる概念が、「魅惑」(allure) である。「代替因果はつねに魅惑の一形式である」[45]とハーマンは言う。非関係的な対象は、魅惑という美的な効果をとおして間接的に関係する。この意味で、美学はオブジェクト指向哲学にとってきわめて重要なものとなる。ハーマンにとって、「魅惑」概念は、形而上学と美学を結ぶ役割を担っていると言える。本節では、この概念について詳しく見ていこう。

だがそのまえに、ハーマンによる美学の語り方の変遷について確認しておくことにしたい。彼は、初期から美学について語ってきたが、近年の著作ではその語り方が少し変化しているように思われる。この点を簡単に見ておこう。

ハーマンは、第一の時期（3‐1参照）から「美学は第一哲学である」というテーゼを掲げてきた。「魅惑」概念は『ゲリラ形而上学』のなかではじめて提示されたが、そのダイジェスト版とも言える論文「代替因果について」のなかで、つぎのように述べられる。

魅惑は動物の知覚にかんする特殊な形而上学ではなく、全体としての存在論に属している。精神を持たない砂の塊なども含めたあらゆる実在的対象どうしの関係は、暗示という形式によってのみ生じる。だが、このことが意味するのは、魅惑と美的効果とを同一視する限りにおいて、美学が第一哲学になるということである。(46)

ここでハーマンは、「魅惑」（allure）と「暗示」（allusior）を重ね合わせて論じている。ハーマンにとって、この魅惑ないし暗示という美的効果は、人間の感性を前提としたものではない。それは、あらゆるタイプの対象のあいだで生じうるものである。それは、砂粒どうしのあいだでさえも生じ

（44）Harman, *Speculative Realism: op. cit.*, p. 94〔ハーマン『思弁的実在論入門』前掲書、一五四頁〕.
（45）Harman, *Guerilla Metaphysics, op. cit.*, p. 230.
（46）Graham Harman, "On Vicarious Causation," in *Collapse*, vol. II, 2007, p. 205.

うる。世界に満ちあふれたあらゆるタイプの対象の間接的な関係を支えるのは、こうした美的効果なのである。まさにそれゆえに、美学こそが第一哲学である、と言わる。第一の時期におけるハーマンは、このように美学的なものを一般化し、それをあらゆるタイプの存在者に適用可能な形而上学的原理へと高めたのだと言える。〈美学から形而上学へ〉という方向だ。

これに対して、美学というテーマがふたたび前景化してくる第三の時期では、〈形而上学から美学へ〉という方向の議論が展開されていると言える。論文「唯物論では解決にならない」や『オブジェクト指向存在論』、『芸術と対象』などでは、彼自身の形而上学的体系を前提にして、人間の美的経験が考察される。そこでは、美術作品と鑑賞者としての人間との関係があらためて考察対象となっている。

こうした近年の美学そのものにかんするハーマンの議論は、鑑賞者としての人間を起点にしているという点で、相関的循環の乗り越えを目指した初期の議論から後退している、と思われるかもしれない。しかしハーマンは、「人間不在の芸術はどういったものになりますか」という質問を受けた経験を振り返って、つぎのように述べている。

最初この質問は、わたしを困惑させた。だが、数週間考えたあとで、それは意味のない問いであることに気がついた。この問いの前提にあるのは、「思弁的実在論の哲学は人間のアクセスを越えた世界に関心がある。したがって宇宙の隅々から人間を消し去るよう努めなければならない」という過剰にリテラルな発想だ。これは不条理な考え方であり、もとをたどればその責任は、アーバノミック出版の過剰にリテラルな精神にある。彼らは、「実在論とは、科学を重視し人文学を軽視することだ」というデマを拡散している。だが、まったくそんなことはない。実在はいたるところにある。それは純粋に人間的な領域にもある。実在を真剣にとりあつかうために、人間を追い払う理由はない。(47)

ホワイトヘッドとハーマンは、相関的循環を飛び越え、あらゆるタイプの存在者を平等にあつかう形而上学を展開する（本章第1節参照）。形而上学が目指すのは、あらゆるものを包摂しうる一般性である。したがって、考察対象からあえて人間を除去することはない。それは、宇宙物理学が、考察範囲から地球だけを除外することがないのと同様である。形而上学は、木綿と炎の関係と原理的に異質なものではないようなものとして、人間と芸術作品の関係を語る。人間的領域と非人間的領域を自由に行き交うのが形而上学だ。

さて、ここからは第一の時期に焦点をしぼり、「魅惑」概念について見ていこう。まずその準備として、対象はふたつのタイプに分類される、という点を確認したい。ハーマンが提示するモデルにおいて、対象には「実在的対象」（real object）と「感覚的対象」（sensual object）がある。後者が感覚的・志向的領域のうちに現前するものであるのに対して、前者はそこから退隠する実在としての

（47）Graham Harman, "On Art and Ecology" in Stahl Stenslie and Zane Cerpina (eds.), *The PNEK Files*, no 2: Dark Ecology, PNEK, 2016, pp. 20-22.

対象である。
わたしは志向的領域において、たんなる感覚与件をとらえているのではない。わたしが歩きまわったり、照明の具合が変化したりするのに応じて、感覚的な性質はつぎつぎと移り変わっていくだろう。しかし、わたしはそこにつねに同一の対象として、たとえば一個のマグカップを見ている。それが感覚的対象である。ハーマンによれば、実在的対象としてのわたしは、この感覚的対象を媒介にして、退隠する実在的対象としてのマグカップそのものと間接的に関係することになる。[48]
ところが通常の知覚の場合、感覚的対象は、偶有的な性質によって覆われていて、媒介としての役割を十全に果たすことはない、とハーマンは言う。そうした偶有的な性質は、「ブラックノイズ」と呼ばれる。この用語は、いわゆる「ホワイトノイズ」がカオス的な性質であるのとは対照的に、性質が構造化されているという含意でもちいられている。[49] わたしの志向的領域には、さまざまな感覚的対象が満ちている。たとえばマグカップの周囲には、本やテーブルがある。そうしたさまざまな対象とのせめぎあいのなかで生じるブラックノイズが圧力のように機能することによって、感覚的対象としてのマグカップに、ある特定の統一的な特徴があらえられるのである。ブラックノイズは、わたしの知覚の場面全体を構造化し、感覚的対象に秩序をもたらす役割をはたしているのだと言える。ブラックノイズによって秩序化された特徴をまとった感覚的対象は、いわばわたしの知覚用にカスタマイズされた対象である。
以上のような通常の知覚風景を一変させるのが、魅惑だ。それは、わたしに対する「強力な情緒的衝撃」[50]として機能する。わたしの知覚用にカスタマイズされ、秩序立った特徴をまとった感覚的対象が、魅惑の衝撃によって一変することになる。ハーマンは、そうした事態の例として、つぎのようなものを挙げている。

友人は、日々のできごとや会話のなかで、絶えずぼんやりと現前するようなものとして、わたしたちの日常生活のうちに住みついている。しかし、裏切りをとおしてであれ、楽しげな驚きをとおしてであれ、友人はそれによってわたしたちを魅惑するのだ。そしてその友人は、以前はブラックノイズの圧力によって、なめらかに統一された全体へと圧縮されていた自らの諸特徴から切り離されることになる。[51]

ありふれた日常的な知覚を彩る、なめらかに統一された感覚的特徴を、情緒的な衝撃によって引き裂くのが、魅惑である。驚くような一面を見せた友人は、もはや、そうしたなめらかな統一的特徴によって覆われたものとして、わたしに現われてくることはない。わたしは、なめらかな諸特徴が剥ぎ取られた、むき出しの感覚的対象としての友人に釘づけになる。そのときわたしは、わたしに

(48) Cf. Harman, "On Vicarious Causation," op. cit., pp. 203-204.
(49) Harman, *Guerilla Metaphysics*, *op. cit.*, p. 183.
(50) *Ibid.*, p. 218.
(51) *Ibid.*, p. 223.

対して現われている限りでの友人が、じつは友人そのもののほんの一側面にすぎないのだと感じるだろう。わたしは現われとしての友人の背後に、「なんだかわからないもの」(je ne sait quoi)としてのほんとうの友人そのものを感じとることになる。このようにしてわたしは、感覚的対象を媒介にすることで、汲みつくしえない余剰をとどめた実在的対象としての友人と代替的に結びつくことになるのだ。

魅惑は、以上のような仕方でわたしと友人とを結びつける。とはいえ、あくまでも実在的対象そのものは、つねに退隠する。それゆえ、「魅惑は不在の形式における対象どうしの現前である」[52]とハーマンは言う。魅惑による代替因果は、いわば(直接的に)関係できないということが露呈するような(間接的な)関係である。魅惑は、「触れることなくして触れる」[53]ことであり、また同時に、触れられなさがいっそう際だつような接触でもある。魅惑の経験とは関係の経験であるが、それはむしろ断絶の経験でもある。魅惑は、感覚的対象の彼方に、汲みつくしえない余剰をともなった実在的対象が存在するということを、つまり、直接的に関係しえないものが存在するということを暗示するのだ。

シャヴィロは、こうした魅惑の働きのうちに、崇高と同型のものを見いだす。シャヴィロは、つぎのように述べている。

当然ながら、魅惑とは崇高の経験である。というのもそれは、観察者を、能力の限界へといたるような地点、理解が崩壊するような地点へと差し出すからだ。魅惑されるとは、けっして到達で

きない領域へと招き寄せられることである。(54)

ハーマンは、シャヴィロによるこうした魅惑と崇高の同一視を、一面ではただしいものであると評価している。(55)だが、少なくともふたつの点でそれらは異なっているのだと言う。

相違点のひとつ目は、崇高が人間の経験であるのに対して、魅惑は人間以外の無機的なものにおいても生じる、という点だ。(56)オブジェクト指向哲学は、あらゆる対象に魅惑の働きを認める「汎魅惑論的」(panallurist)(57)なモデルとなっている。

相違点のふたつ目は、崇高が単一のものとされるのに対して、魅惑は個別化されている、という点である。(58)海のうねりと竜巻がふたつの異なった崇高さをもたらすとはされないのに対して、魅惑は、高価な花瓶や仔馬など、対象ごとに異なる衝撃をもたらす。

(52) *Ibid.*, p. 246.
(53) *Ibid.*, p. 215.
(54) Shaviro, "The Actual Volcano," op. cit., p. 289.
(55) Harman, "Response to Shaviro," op. cit., p. 302. ハーマンは『芸術と対象』のなかでもふたたびシャヴィロによるこの議論を取り上げ、またべつの仕方で応答している。だがこの応答は、ハーマンの近年の芸術論とかかわるので、その考察はべつの機会に譲ることにする(cf. Graham Harman, *Art and Objects*, Cambridge: Polity Press, 2019, pp. 45-47)。
(56) Harman, "Response to Shaviro," op. cit., p. 302.
(57) Harman, *Guerilla Metaphysics*, *op. cit.*, p. 244.
(58) Harman, "Response to Shaviro," op. cit., p. 303.

以上の相違点を認めつつ、それでもあえて崇高と結びつけるとすれば、魅惑とは存在論化されたミクロな崇高である、と言えるだろう。空虚に隔てられ、たがいに無関係な存在者が満ちた世界。そこには、無数のミクロな崇高があふれている。

4 より崇高なる崇高のほうへ

ここまでの議論をまとめよう。ホワイトヘッドとハーマンは、野蛮な侵犯を企て、相関的循環の重力を一挙に振り切り、実在論的な形而上学へと向かった。だが、彼らが向かうさきは異なる。ホワイトヘッドが描く宇宙は、抱握という関係に満ちている。それぞれの存在者がたがいに反響を受け止め、相互に関係しあいながら、ゴシック様式の大聖堂のような調和を目指す宇宙。それが、有機体の哲学が描き出すこの宇宙のあり方だ。

これに対してハーマンが描く宇宙は、非関係的な対象で満ちている。空虚のうちへと退隠する非関係的な対象が、あらゆる次元にまきちらされた宇宙。ごくまれにそこでミクロな崇高という衝撃が走り、対象どうしはかすかに惹かれあう。これが、オブジェクト指向哲学が描き出す宇宙のあり方である。

本章は、ホワイトヘッドとハーマンのこうしたちがいを対比的に考察してきた。両者が描く存在者のあり方は、おおきく異なる。とはいえ、両者のモデルはいわゆる「フラットな存在論」（flat ontology）となっている点では共通している。[59] どちらの体系も、存在者をみなひとしく「現実的存在」ないし「対象」としてあつかう。あらゆるタイプの存在者が同一平面に位置づけられる。そこに特権的な存在者はいない。どちらの体系においても、あらゆる存在者に対して、フラットな存在論的身分があたえられるのだ。

ホワイトヘッドとハーマンは、相関的循環の重力を振りほどき円環を脱したが、その一方で、存在論的な平面にはとどまりつづけているのだと言える。存在するあらゆるものを一律に規定する、全体性の平面。この平面をつきやぶる契機を、ハーマン的な崇高ではなく、本来の崇高のうちに、あるいはより崇高なる崇高のうちに認めることはできないだろうか。

志向的領域におけるブラックノイズを吹き飛ばし、観察者を実在的対象へと招き寄せる働きが、ミクロな崇高としての魅惑の働きであった。しかし、このミクロな崇高が存在論的な平面をつきやぶることはない。つまり、「対象」という単位そのものまでもが攪乱されることはない。ミクロな崇高は、ある対象にかんするこれまでの秩序だった理解を崩壊させはするが、「対象」なるもの一般にかんする理解を崩壊させたりはしないのだ。

（59）ハーマンは、フラットな存在論について、つぎのように述べている。「OOO［オブジェクト指向存在論］は、この［フラットな存在論という］用語をデランダとおなじ意味でもちいる。この語が意味するのは、あらゆる対象をはじめからおなじ仕方であつかう存在論だ。異なったタイプの対象にはかんぜんに異なった存在論が必要になる、とあらかじめ想定されているのではない」（Harman, *Object-Oriented Ontology*, *op. cit.*, p. 54）。

より崇高なる崇高は（そういったものがあるとすれば）、「対象」一般にかんする理解を崩壊させるような地点、存在論的な平面を突き破るような地点へと観察者を導いていく。それによって、円環（相関的循環）だけでなく平面（フラットな存在論）をも越え出る、より野蛮な侵犯がなされることになるだろう。存在論的な平面に走る割れ目の彼方から、「対象」とも「現実的存在」とも言えないようななにかが侵入し、わたしたちに空前絶後の衝撃をもたらすだろう。

第5章　思弁的実在論は闇を光に転化させてしまう

——ベンスーザン『指標主義』のブックガイド

認識の光をどこまでも逃れ去る絶対的な闇。そうした闇が世界のいたるところに存在している——このことを形而上学的に語ることは可能だろうか。そうした思弁的語りは、むしろ闇を光の内へと飼い慣らすことになってしまうのではないか。ヒラン・ベンスーザン『指標主義——実在論と逆説の形而上学』は、そのような逆説について語る。思弁的実在論に対する新たな批判的見解が示されている点が、この本のひとつの読みどころだ。

1　著者ヒラン・ベンスーザンと『指標主義』について

ヒラン・ベンスーザンは、ブラジリア大学の現代哲学の教授である。また、オンライン雑誌『Das Questões』の編集委員を務める人物でもある。彼は、大陸系／分析系を問わず、哲学のさまざまなテクストを操りながら、自身の立場を練り上げていくタイプの哲学者だ。彼の元々の軸足がどこにあるのかははっきりとしないが、少なくとも『指標主義』では、エマニュエル・レヴィナスとアルフレッド・ノース・ホワイトヘッドが中心的に論じられている。二〇一九年にブラジルで国際ホワイトヘッド学会が開催されたさいには、ベンスーザンは、ホワイトヘッド形而上学と思弁的実在論をめぐるセクションの取りまとめを担当した。

『指標主義』は、グレアム・ハーマンが編集委員を務めるエディンバラ大学出版局「思弁的実在論」叢書から出版されている。叢書の他の著作と同様に、冒頭にハーマンによる短い序文が置かれている。[1]また本書出版後には、オンライン上で本書をテーマにした三日間にもわたるシンポジウムが開催され、そこでハーマンやスティーヴン・シャヴィロらが発表した。[2]このシンポジウムの記録は、オンライン雑誌『コスモス・アンド・ヒストリー』で公開されている。[3]本書のアイデアの一部は、二〇一八年の論文「指標的逆説的形而上学のほうへ」[4]のなかで提示されたものが元になっているので、興味を持たれた読者はまずはそちらで確認することができる。

2　指標主義 vs. 実体主義——他者の形而上学へ

ベンスーザンは本書の中心的な立場である「指標主義」（indexicalism）について、つぎのように説明している。

対照をなすわたしの主張（指標主義と呼ぼう）は、宇宙のいかなる形而上学的説明も、その出発点は、実体でも、現実的存在でも、対象（ないし主体）でも、物質的項でも、ニュートリノでも、力でもないということ――むしろ、これ、あれ、中、外、同、他、ここ、そこ、地平線といったその他指標的なものが出発点である、ということだ[5]。

ベンスーザンは、実在とは指し示されるものであり、特定の位置を占めるものである、と考える。形而上学において基礎をなすのは、指示詞・指標詞的なものなのである。他方で、通常の形而上学では、この指標性が引き剥がされ、名詞・実体的なものが出発点にされてしまう。どこでもないところから眺められたあり方こそが出発点だ、と考えられてしまうのだ。だがそうではない、という

（1）エディンバラ大学出版局のサイトでは、ハーマンとベンスーザンの対談が公開されている。https://euppublishingblog.com/2021/11/25/a-conversation-with-graham-harman-and-hilan-bensusan-on-indexicalism-2/

（2）シンポジウムのアーカイブ動画は、つぎの YouTube チャンネルで見ることができる。https://www.youtube.com/dasquestoes

（3）『コスモス・アンド・ヒストリー』第一七巻第二号は、『指標主義』のシンポジウムを記録したものになっている。https://cosmosandhistory.org/index.php/journal/issue/view/42

（4）Hilan Bensusan, "Towards an Indexical Paradoxico-Metaphysics," *Open Philosophy*, vol. 1, no. 1, 2018, pp. 155-172. https://doi.org/10.1515/opphil-2018-0012

（5）Hilan Bensusan, *Indexicalism: Realism and the Metaphysics of Paradox*, Edinburgh: Edinburgh University Press, 2021, p. 16.

のがベンスーザンの主張である。指標主義vs.実体主義。まずは、これが彼の考える対立図式である。

　このような指標性には位置がともない、さらにそこには内部性（interiority）がかかわる。ベンスーザンは、つぎのように述べる。

> ある位置は、なによりも、内にあるものと外にあるものを区別する境界によって成り立つのだと考えられる。こうした位置を内部性と呼ぼう。それは、究極的な要素であると考えられる指示作用（deictic operation）によって成り立っていると思われる(6)。

指示詞・指標詞的なものは、ある位置に存在する。それはつまり、ある内部性に位置するということであり、境界線を介してその彼方の外部性（exteriority）につねに晒されているということである。

　この境界線は、地平線のようなものとしてイメージすることができる。地平線のこちら側が内部性であり、あちら側が外部性である。地平線とは、時間・空間的な「立ち位置」（locus standi, standing location）(7)に対して現われる線だ。「わたしが動くと、わたしの地平線はわたしとともに動く。地平線の彼方には、つねになにかがある(8)」。内部性としてのわたしは、つねに地平線の彼方としての外部性に晒されている。外部性は、地平線の彼方のように不可視のものである。それは、地平線上にぼんやりと立ち現われてくるものをとおして、ただ垣間見ることができるにすぎない。

　ベンスーザンは、こうした不透明な外部性について語る立場として、「他者の形而上学」（metaphysics of the others）を標榜する。指標的なものを究極的なものとみなす指標主義は、超越した外部性とのかかわりを語る〈他者の形而上学〉につながっていく。「他者の形而上学は、指標主義の一部門である」[9]。ベンスーザンは、内部性が外部性に晒されているという事態を強調し、不透明な実在論を提示するのである。

ところが、多くの形而上学はこの外部性を消し去ってしまう。実体主義的な形而上学は、指示詞・指標詞的なものをどこでもないところから眺め、名詞・実体的なものに変えてしまうのである。そこには、もはや外部はない。実体主義は地平線を上空から眺め、それを消してしまうのだ。ベンスーザンは、そうした実体主義的な形而上学を、「ドローン形而上学」と呼ぶ[10]。彼からすれば、「横からの眺めをとおして外部と闘争ないし交渉をしている無数の内部性をすべてひとまとめにしてしまうような、まるでドローンから見られたような全体的な眺めは存在しない」[11]。ところが、実体主義は内部性から飛び立ち、地平線の上空へと飛んでいき、ドローンから見られたような上からの眺

(6) *Ibid*. p. 22.
(7) ベンスーザンはこの概念をホワイトヘッドの『自然という概念』から取り出し、積極的にもちいている。Cf. Alfred North Whitehead, *The Concept of Nature*, Cambridge: Cambridge University Press, 2000, p. 107〔アルフレッド・ノース・ホワイトヘッド『自然という概念』藤川吉美訳、『ホワイトヘッド著作集』第四巻、松籟社、一九八二年、一二一頁〕.
(8) Bensusan, *Indexicalism*, *op. cit*., p. 42.
(9) *Ibid*., p. 79.
(10) ベンスーザンはこの表現をつぎの論文から援用している。Benjamin Noys, "Drone Metaphysics," *Culture Machine*, vol. 16, 2015, pp. 1-22.
(11) Bensusan, *Indexicalism*, *op. cit*., p. 104.

めをとおしてあらゆる存在の地図を描き出す。それによって透明な全体性が形成され、他者の超越は抹消されてしまうのである。ベンスーザンは、そうした全体化に抗い、不透明性を形而上学のうちに引き留めることを目指す（後で見るように、これは逆説的な企てである）。

ここで『指標主義』の構成について確認しておくことにしよう。本書は、長めの三つの章から成る。第1章「指標主義――逆説的形而上学」では、ここまで見てきたような指標主義の基本的な考え方が提示され、その観点から分析哲学における指示の理論やマクタガートの時間論などが論じられる。第2章「他者の形而上学」では、レヴィナスの考察が中心になる。レヴィナスの超越の哲学と、ホワイトヘッドの内在の哲学を結びつける方向が示される。そして第3章「知覚の歓待」では、知覚の場面に着目して、レヴィナスとホワイトヘッドを結びつける方向がより詳細に論じられていく。どの章でも、ここでは紹介しきれないほどの多彩なテクストが取り上げられている、という点が本書の特徴だ。ベンスーザンとおなじくブラジル出身の人類学者エドゥアルド・ヴィヴェイロス・デ・カストロにも一節が割かれている。また、思弁的実在論との対決も本書にとって重要な契機となっている。

3　思弁的実在論批判

思弁的実在論は、「怪奇実在論」（weird realism）である。ハーマンは、二〇〇七年のワークショップのさいに、登壇した四人の論者の共通点として「怪奇さ」を挙げ、つぎのように述べた。「［…］実在論はある意味でつねに怪奇的である。実在論とは、わたしたちによって投影されたものではない、実在の奇妙さをめぐるものだ(12)」。怪奇さ、つまり、ある種の見通せなさが思弁的実在論の共通テーマである、とハーマンは言う。

ベンスーザンも、ハーマンとカンタン・メイヤスーによる思弁的実在論が不透明性をめぐるものであると理解している。実在の透明性を拒否しているという点で、ベンスーザンはこの両者を肯定的に評価する。しかし問題は、彼らが、いったんは表現した不透明性を最終的に透明性へと反転させてしまっている、という点にある。両者に対するベンスーザンの批判をそれぞれ確認することにしよう。

ハーマンは、オブジェクト指向存在論という立場に立つ。ハーマンにしたがえば、実在的対象は周囲のあらゆるアクセスから退隠し、引きこもっている。たとえばハンマーという実在的対象は、道具としての有用性によっても、知覚的な性質によっても汲みつくされることはない。つねにそれ以上の余剰を隠し持ち、引きこもっているのである。ハンマーはわたしにとっての他者であり、外部性である、と言えるだろう。ベンスーザンは、オブジェクト指向存在論において「秘密とアクセス不可能性が宇宙の家具の特徴となっている(13)」と述べ、この点を肯定的に評価している。

しかし、ハーマンは「フラットな存在論」（flat ontology）という立場を採用する。つまり、あらゆ

（12）Ray Brassier et al., "Speculative Realism," in *Collapse*, vol. III, 2007, p. 367.

るタイプの存在者をフラットにあつかい、すべてを等しく実在的対象であるとみなすのだ。人間もハンマーも猫もニュートリノも、みなおなじように、退隠する実在的対象なのである。ベンスーザンはこの点に着目し、つぎのように述べている。

〔…〕全体性というものを中立的な項を仮定することとして（そして異なる存在者間の構造的対称性として）理解するとすれば、ハーマンのオブジェクト指向存在論は、他者を実体的な実在的対象にすることによって、結局のところ外部性を全体性によってとらえてしまったことになる。他なる対象のうちにある退隠構造は、どんな対象のうちにも対称的に仮定される。どんな対象も他我のようであり、おなじ対象の引き写しのようである。(14)

彼〔＝ハーマン〕の対象はどこでもないところから眺められ、中立的な共通構造によって分析される。対象はこの構造をとおして対称的に関係しあう。結果的に、実在的対象はあらゆるものを実体的なものによってフラット化してしまい、他者の指示詞的トゲを削ぎ落としてしまうのだ。(15)

ベンスーザンからすれば、ハーマンはドローン形而上学の誤謬を犯していることになる。地平線を飛び去り、ドローン的な眺めから退隠構造が描かれることによって、対象の退隠は、すべての対象に対して、隠れることなく等しく当てはまる透明なものになってしまったのである。

メイヤスーにかんしても同様の指摘がなされる。ベンスーザンは、メイヤスーもいったんは実在の不透明性を追求したのだと考える。メイヤスーは、偶然性を絶対的なものとして提示するが、それは世界のうちに不透明性をもたらすものだと言える。メイヤスーはこの偶然性を、「主観論主義」(subjectalism)を反駁するものとしてもちいている。主観論主義とは、思考と存在の相関は絶対的であり、その外部にはなにもない、と考える立場である。観念論や生気論がこれにあたる。この立場からすれば、思考にとってすべてが透明に現われており、その外部はまったく存在しないということになる。しかし、メイヤスーが主張する偶然性は、この相関という場そのものを転覆しうるものである。思考と存在の閉じた相関は偶然的なものであり、別様になるかもしれない。思考はとつじょ消滅し、思考にとってまったくの外部、未知の世界が到来するかもしれない。偶然性は、このように時間的な不透明性(隠れ)を導き入れる。

ところがメイヤスーは、この偶然性そのものをひとつの強力な原理へと格上げしてしまう。あらゆるものが偶然的であり、その偶然性は必然的である、と言うのだ。ベンスーザンは、この点にかんしてつぎのように述べている。

メイヤスーにとって、彼の原理がなにもかもを射程に収めてしまうことを妨げるものはなにもな

(13) Bensusan, *Indexicalism, op. cit.*, p. 61.
(14) *Ibid.*, pp. 61-62.
(15) *Ibid.*, p. 62.

い。彼は思弁的運動をつうじて、ひとつの原理が他のすべてを射程に収める全体性へいたりついたのだ。[16]

ベンスーザンからすれば、メイヤスーもまた、時間・空間上のあらゆるものに等しく当てはまる原理を設定することによって、いったんは認めた不透明性を消し去ってしまったのである。

まとめよう。ハーマンもメイヤスーも、ドローン的な眺めをつうじて、あらゆる存在を包摂する広大な地図を描き出してしまった。彼らが主張する不透明性・隠れは、この地図に書き込まれた真っ黒な染みのようなものである。だが、フラットな全体的地図のうちに位置づけられたその染みは、もはや本当の意味での隠れではない。本当の隠れ・不透明性は、この地図そのものの外部に位置し、それを破り去るような力を持つものでなければならない。「指標主義は思弁的実在論とは対照的に、隠れたものを実在の全体的展望のうちに抱き込むことはしない。むしろ死角を、鏡の範囲外に置く」[17]。問題は、いかにして全体性を回避し、それでもなお形而上学でありつづけるのか、ということだ。

4 レヴィナス×ホワイトヘッド――汎知覚論へ

無数の内部性が散らばる宇宙像を描き出すと同時に、そこに真の不透明性を保持しつづけること。

ベンスーザンが取り組む課題はこうしたものだ。彼は、そのための戦略をつぎのようにまとめている。

〔…〕レヴィナスの他者を人間を超えて拡張すること、〔ホワイトヘッドの〕プロセス哲学を真の外部性へ方向づけなおすこと、思弁を制限し、全体性へ向かっていかないようにすること。(18)

ここでは三つのことが述べられている。それぞれ確認していこう。

まず一点目。レヴィナスの他者論を拡張する、という点について見ておこう。ベンスーザンの指標主義と他者の形而上学は、レヴィナスの他者論に依拠している。だが、そこで問題にされるのは、このわたしが、他の人間と言語をつうじてかかわる倫理的な場面である。宇宙論を展開しようと試みるベンスーザンにとっては、これでは議論の範囲が限定されることになってしまう。そこで彼が着目するのが、ホワイトヘッドの形而上学だ。ホワイトヘッドは、人間から特権的地位を剥奪する。人間だけでなく、犬やピラミッド、電子といったあらゆるタイプの存在者が、固有の知覚経験をする有機的な出来事である、とみなされる。ベンスーザンは、ホワイトヘッドのこうした「汎知覚

(16) *Ibid.*, p. 95.
(17) *Ibid.*, p. 98.
(18) *Ibid.*, p. 79.

論」（pan-perceptualism）をレヴィナスの他者論に接続することによって、その議論を拡張しようと試みる。

しかし、ホワイトヘッドの側にも問題がある。この点が二点目とかかわってくる。ホワイトヘッドが語る知覚的出来事には、他者による撹乱という要素が欠けている、とベンスーザンは指摘する。ホワイトヘッドの知覚的出来事には、いわば強力な「アジェンダ」が機能していて、それがこの出来事を目的論的・予定調和的に統制している。知覚に対して差し出されるものは、このアジェンダを実現させるためにやってきたたんなる材料にすぎない。そこには不透明性・外部性が欠如しているのだ。したがって、ホワイトヘッドの知覚的出来事を、真の他者性に直面しうるようなあり方へと読み替える必要がある。これがふたつ目の試みだ。

最後に三点目について確認しよう。これも、ホワイトヘッド形而上学の問題点とかかわっている。ホワイトヘッドは、あらゆるタイプの存在者の一般的・普遍的構造を語り出す。そのさいに、ハーマンやメイヤスーと同様に、ドローン的な眺めに立ってしまっているのである。こうした上空飛翔的な思弁を制限し、全体性に陥ることがないようにしなければならない。これが三つ目の試みだ。

思弁の制限という最後の試みについては次節で確認することにして、本節ではふたつ目の試みについて詳しく見ておこう。ベンスーザンが試みるのは、レヴィナスの他者論をホワイトヘッド的な汎知覚論へと拡張すると同時に、その汎知覚論に他者論を導入する、ということだ。ベンスーザンは、「知覚とは、わたしが他者に対する人質となる場所である」[19]と述べる。知覚の場面を、他者への応答の場面とみなそう、というわけだ。

こうした意図のもと、『指標主義』第3章では知覚にかんする議論が展開されていく。そこではウィルフリド・セラーズとジョン・マクダウェルによる「所与の神話」(myth of the Given) をめぐる認識論の問題などが取り上げられていて、議論がかなり錯綜しているように見える。だがその要点だけを取り出せば、おそらくつぎのようになるだろう。

知覚が他者(他の人間に限らない)に晒される場所となるためには、伝達されたものをたんに受動的に受容するだけではなく、そこに自発的な応答も生じていなければならない。とはいえ、それは既知の概念をつうじた把握であってはならない。概念化は対象を同化し、他者性を消し去ってしまうからだ。「ハンマー」という概念でとらえられたものは、わたしにとって都合の良い便利な道具でしかない。内部性へと伝達された複数の要素を、概念の手前の「重要性」(importance)[20] をつうじて調整するという自発的な応答が必要なのである。知覚とは、複数の他者からの要求を調整しながら応答する「アゴラ」である、とベンスーザンは述べる。

知覚がまさにこうしたものであることによって、経験の目的論的な統制に「中断」(interruption) がもたらされることになる。アゴラ的な知覚の場。それは外部性に晒された内部性であり、自己の目的論的なアジェンダを中断させた、他者への応答の場である。

(19) *Ibid.*, p. 153.
(20) ベンスーザンはこの概念をホワイトヘッドの著作から援用している。Cf. Alfred North Whitehead, *Modes of thought*, New York: Free Press, 1968, pp. 1-19.

5　逆説的形而上学、ポスト思弁へ

他者の形而上学と汎知覚論を協働させ、それをいかなる制限もなしに最終的結論へ向かって展開させたならば、つぎのようなテーゼを得ることができるだろう——指標的な働きにもとづく内部性は、アゴラ的な知覚の場をとおしてつねに外部性に晒されている。そして、あらゆるものがそのような内部性である。外部性はいたるところにある。

だが、これは外部性にかんする均質的・全体的な理論である。不透明性を透明に語り出し、あらゆる他者を同化する振る舞いだと言える。つまり、思弁的実在論が犯したのとおなじ誤りだ。真の外部性は、この全体性そのものの外部に見いだされなければならないだろう。

あらゆる存在の一般的・全体的な構造を描き出すことが形而上学の目的だとするならば、他者の形而上学は逆説的な形而上学だと言える。それは、不透明性を追求し、全体化の不可能性を語る形而上学だからだ。ベンスーザンは、この意味で他者の形而上学は「逆説的形而上学」(paradoxico-metaphysics)[21]であると言う。それは「自己破壊的な形而上学」[22]なのである。

形而上学的思弁にとって、そうした自己破壊はどのようにしてもたらされるのだろうか。前節で確認したのは、知覚が他者に晒され、目的論的なアジェンダが中断されるあり方であった。まさにそれとおなじように、そうした事態を語り出す形而上学的思弁そのものも、他者に晒されるのでなければならない。それによって、形而上学的思弁が有する全体化の力に中断がもたらされるのだ。「他者の逆説的形而上学は、外部性への徹底した指向にもとづくがゆえに、中断された思弁を例証する」[23]。

中断された思弁。それはいったいどのようなものだろうか。ベンスーザンは、人類学者のアナ・チンの考え方を参照する。チンは、二〇一六年にブリュッセルでおこなった講演のなかで、他者を含んだ世界をいかにして説明すべきか、ということについて語っている。ベンスーザンはそれを、つぎのように要約する。「(1) 全力で世界に説明をあたえること。そして、(2) その説明の内部に他の異なる説明の余地を残すこと」[24]。中断された思弁としての他者の形而上学は、チンが示すこの二重の指令に応えたものとなっている。一般的な説明を提示しつつも、他なる説明に対して開かれたままにしておくこと。その結果、「[…]〔他者の形而上学の〕結論は、最終報告書よりもブレインストーミングに近いものになる」[25]。

こうした他者の形而上学は「ポスト思弁的な言葉遣い」(in a post-speculative register)[26]」のうちで展開される、とベンスーザンは言う。全体化へ駆り立てられた思弁から、ポスト思弁へ。一方で、無制

(21) ベンスーザンはこの概念をジョン・コグバーンの著作から援用している。Cf. Jon Cogburn, *Garcian Meditations: The Dialectics of Persistence in Form and Object*, Edinburgh: Edinburgh University Press, 2017.
(22) Bensusan, *Indexicalism*, *op. cit.*, pp. 61-62.
(23) *Ibid.*, p. 167.
(24) *Ibid.*, p. 81.
(25) *Ibid.*, p. 84.
(26) *Ibid.*, p. 99.

限の思弁によって駆動する形而上学（とりわけ思弁的実在論）は、全体的地図を完成させ、不透明性や隠れをそのなかに位置づける。これに対して、ポスト思弁的な形而上学（他者の形而上学）は、地図そのものの外部を担保する。他なる地図の可能性に開かれたままにしておくのだ。

こうしたポスト思弁について、ベンスーザンはあまり掘り下げていない。だがそれは、おそらく絶えざる運動のようになるのではないだろうか。「他の説明がありうるとはどのようなことなのか」、「他なる説明との出会いはどのような構造のうちでなされるのか」といった仕方で、いったんは中断された思弁をふたたび始動させる問いが舞い戻ってくることになるだろう。この思弁の再始動を再中断させ、ふたたび他なる説明の可能性に開くことが必要になる。思弁の再始動と再中断が再帰的に生じつづける場こそがポスト思弁である、ということになるだろう。

note ベンスーザン『指標主義』をめぐって（第5章への追記）

雑誌『現代思想』の二〇二〇年一月号は「現代思想の新潮流 未邦訳ブックガイド30」という特集となっている。わたしも一冊紹介した論考を書いた（本書第5章所収）。

依頼をいただいたとき、ちょうど前々から気になっていた本が出版されるタイミングだったので、その本について書くことにした。ブラジルの気鋭の哲学者ヒラン・ベンスーザンによる新刊『指標主義——実在論と逆説の形而上学』だ。

この本は、エディンバラ大学出版局の「思弁的実在論」叢書の一冊として出版されたものである。出版直後に三日間にも渡るオンライン・シンポジウムが開催されており、そこそこの話題書であると思われる。なによりも、思弁的実在論に対して新たな切り口からの批判が展開されているところが、わたしにとっては興味深い。

ここでは、ブックガイドの論稿に書ききれなかったことを中心に論じることにしたい。議論の構成は、つぎのようになっている。

「1 指標主義の内部から」では、ベンスーザンの立場について簡単に紹介する。ここでの議論の前提となるので、論稿でまとめた内容の超圧縮版を提示することにしたい。加えて、論稿のほうには書ききれなかったベンスーザンによる興味深い議論についても紹介する。

「2 指標主義の外部へ」では、ベンスーザンの議論を読んだうえで、わたしが考えたことを示す。メインはこちらだ。

1 指標主義の内部から

1-1 『指標主義』の立場について(超圧縮版)

ベンスーザン『指標主義』の内容について、おおまかに確認しておこう。ベンスーザンは、本のタイトルにもなっている「**指標主義**」(indexicalism)という立場を打ち出す。これと対立するのは「**実体主義**」(substantivism)である。

指標主義は、「これ」や「あれ」といった指示詞・指標的なものを重視する。実在とは**指し示されるもの**であり、**特定の位置を占めるもの**である、というのが指標主義の基本的な考え方だ。

これに対して実体主義は、実在から指標性を剥ぎ取り、実在を名詞・実体的なものとしてあつかう。実在は、どこでもないところから眺められた中立的な実体としてとりあつかわれることになる。

実体主義ではなく、指標主義へ。これが、ベンスーザンが試みていることだ。

指標主義からは、さらに「**他者の形而上学**」(metaphysics of the others)という立場が導かれる。ベンスーザンにしたがえば、指示詞・指標的なものは、それを越えた外部性に晒されている。そこには不透明な他者がまとわりついているのだ。この事態を忠実に描き出そうという試みが、他者の形而上学である。

指標的なものが他者と接する境界は、**地平線**のようなあり方をしている。地平線とは、位置に相対的に立ち現われる線である。わたしが動けば、地平線も動くだろう。地平線の彼方にはつねに不可視のなにかがある。他者は、地平線の彼方のようなものとして、指標的なものを取り囲んでいるのである。

ところが、実体主義は指標的な位置から飛び去り、地平線の上空へと飛んでいく。位置に相対的に成り立つ地平線は、そのようにして上空から眺められたとたんに消滅してしまう。実体主義は、ドローンから見られたような上空からの眺めによって、すべてを透明な構造のうちに絡め取り、他者の超越を消し去ってしまうのだ。ベンスーザンは、こうした振る舞いの形而上学を、ベンジャミン・ノイスの概念を借用し「**ドローン形而上学**」と呼ぶ。ドローン形而上学は、すべてを俯瞰することによって透明な全体性を追求する形而上学である。ベンスーザンは、こうした全体化に抗い、不透明な他者性を形而上学のうちに引き留めることを目指す。

以上の他者の形而上学というアイデアは、エマニュエル・レヴィナスの他者論に多くを負っている。ベンスーザンは、そこにアルフレッド・ノース・ホワイトヘッドの汎知覚論を織り合わせることによって、たんに人間が人間に語りかける倫理的な場面を越えて、実在一般の理論として他者の形而上学を展開する（すぐ後で確認するように、これは逆説的な試みである）。

ベンスーザンが展開する〈レヴィナス×ホワイトヘッド〉の形而上学を要約すれば、おおよそつぎのようになる。知覚とは、あらゆるタイプの他者に対して応答する場である。知覚者を目的論的に統御している「アジェンダ」は、この応答をつうじて「**中断**」(interruption)を被ることになる。つまり、自己同一化の働きが中断され、他者へと開かれることになる。さらに言えば、このような意味での知覚をしているのは人間だけでない。あらゆる事物(猫、岩、ニュートリノ…)が、そうした知覚の場なのである。

これが、実在一般の理論として拡張された他者の形而上学である。だがすぐに気づくとおり、これではドローン形而上学の誤謬を犯していることになってしまうだろう。指標的位置から飛び去り、あらゆるものに等しく適用される全体的な構造を提示しているからだ。真の他者の形而上学は、**この構造そのものにとっての他者**を担保しなければならない。そこで提示されるのが「**逆説的形而上学**」(paradoxico-metaphysics)である。

他者の形而上学は逆説的形而上学である、とベンスーザンは言う。一般に形而上学は、あらゆるものに適用可能な全体的構造を提示する。だが、他者の形而上学は、そうした全体化の不可能性を主張する。その意味で、それは逆説的で自己破壊的な形而上学なのである。

先ほど確認したように、他者の形而上学にしたがえば、あらゆる存在者は知覚において自己同一性が中断され、他者へと開かれる。これと同様に、この構造について語る思弁の働きそのものもまた中断されなければならない。「他者の逆説的形而上学は、外部性への徹底した指向にもとづくがゆえに、中断された思弁を例証する」[1]。この「**中断された思弁**」とは、すべてを透明に描き出そうとする働きにブレーキがかかった状態の思弁である。

中断された思弁は、自らが提示する構造を絶対化せずに、理論を他なる説明の可能性に開かれた状態で放置する。「〔…〕〔他者の形而上学の〕結論は、最終報告書よりも、むしろブレインストーミングに近いものになる」[2]。ベンスーザンは、そのように述べている。

まとめよう。ベンスーザンが主張する指標主義と他者の形而上学は、徹底して他者性・外部性を指向する。そこには、理論内部の中断だけでなく、理論化そのものに到来する中断がかかわる。

1-2 全体化と植民地化

以上が『指標主義』の紹介〔超圧縮版〕である。本節では、『現代思想』の論稿に書ききれなかった同書の論点をひとつ紹介したいと思う。

ベンスーザンは、全3章から成る本論の最後で、ニック・ランドの論文を引用し、そこから「植民地化」のメタファーを取り出す。外部を内部に服従させようとする認識のあり方が、植民地化と重ね合わせて議論されることになる。そして、その流れを受けて、結びではボリビアのポトシ銀山が取り上げられる。

ポトシ銀山とは一六世紀にスペイン人により採掘され、大量の銀がヨーロッパに流通するきっかけとなった銀山である。ベンスーザンは、すっかり荒れ果てたポトシ銀山について、指標的でロー

（1）Hilan Bensusan, *Indexicalism: Realism and the Metaphysics of Paradox*, Edinburgh: Edinburgh University Press, 2021, p. 167. 傍点引用者。

（2）*Ibid.*, p. 84.

カルな力が抜き取られたのだと述べる。ポトシ銀山のローカルな力（つまり銀）は、スペイン人によって採掘され、無視点的でグローバルな価値へと変換されたのである。

ベンスーザンは、ローカルな富を抜き取り、それをグローバル化する植民地化の振る舞いを、実体主義の振る舞いと重ね合わせて論じている。実体主義は、実在の指標性・ローカル性を引き剝がし、中立的な実体へと変換する。そして、それを全体的な構造のうちに位置づける。しかし、こうした全体化の働きに対して指標的なものは抵抗するのだ、とベンスーザンは述べる。**全体化・植民地化に抗う指標的なもの**というイメージがそこで提示されているのである。

『指標主義』の本論では抽象的で普遍的な議論が展開されるが、そこから結びに入ると、急に南米という指標性に密着した具体的な議論が展開されることになる。援用される議論も指標性密着的なものになり、南米の哲学者エンリケ・デュッセルの議論が援用されたりする。雰囲気がガラリと変わり、読んでいて面白い箇所である。

2　指標主義の外部へ

2-1　ベンスーザンの「中断された思弁」とホワイトヘッドの「思弁哲学」

ここまでは、ベンスーザンの議論を内在的に紹介してきた。ここからは、ベンスーザンの議論そのものから少し離れ、わたしが考えたことを簡単に示しておきたいと思う。まずは、ホワイトヘッドのあつかいについて。

ベンスーザンはホワイトヘッドを（ある程度）重視するにもかかわらず、そのあつかいは十分ではないように感じられた。『指標主義』第3章では、〈レヴィナス×ホワイトヘッド〉の知覚論を展開することが宣言されるのだが、そこで出発点とされるのはホワイトヘッドの知覚論ではなく、セラーズとマクダウェルによる「所与の神話」をめぐる議論である。ホワイトヘッドの汎知覚論にレヴィナスの他者論を入れ込むという目的があるのであれば、やはりホワイトヘッドの知覚論から出発するべきだろう。

ホワイトヘッドは主著『過程と実在』において、経験の生成過程について詳細に（あまりに詳細に！）論じている。外部からもたらされた与件から、いかにして経験が成立するにいたるのかを事細かに論じているのだ。ベンスーザンの目的からすれば、この議論についての考察は絶対に外せないはずだ。

以上の点は、ホワイトヘッドをあつかううえでの明らかな不十分さにかんするものである。おそらくホワイトヘッドの研究者であれば、だれもが感じることだろう。

これに加えて、もうひとつ不十分さを指摘したいと思う。こちらは、それほど明らかではない不十分さについてである（つまり、すべてのホワイトヘッド研究者が感じるわけではないような不十分さだ）。まず、あらためて1-1で確認したことをまとめておきたいと思う。ベンスーザンの他者の形而上学が指向する他者性には、ふたつの次元のものがあると言える。

① 理論内部の他者性

②　理論そのものを襲う他者性

①は、知覚者の自己同一性が他者に晒され中断される、という構造をめぐるものだ。②は、この構造そのものを語る思弁の働きが中断される、という事態にかかわる。

ホワイトヘッドの場合、ベンスーザンが指摘するとおり、たしかに①の次元の他者性が欠けているると言えるかもしれない。ホワイトヘッドが語る経験には、「主体的指向」(subjective aim)と呼ばれる強力な目的論的装置が働いている。この装置をつうじて、外部からあたえられた与件が、経験の主体を構成するための材料として配置されていくことになる。そこには他者による真の撹乱・中断といったものはない、と言えるだろう。

だが他方で、②の次元(理論そのものを襲う他者性)については、ホワイトヘッドも語っている。ホワイトヘッドは、「有機体の哲学」と呼ばれる形而上学的体系によってあらゆる存在者の構造を描き出しているが、その一方で、この構造そのものの更新可能性についても、哲学の方法論をめぐる文脈で語っているのである。

「有機体の哲学」は、ベンスーザンの言い方を借りれば、たしかにドローン形而上学の誤謬を犯している。だがホワイトヘッドは、自らの形而上学的体系が絶対的で不変のものだとは考えていない。「**思弁哲学**」と名付けられた彼独自の方法論は、実在のさらなる探求によって、体系が更新されなければならないということを述べている。思弁そのものが実在という他者によって撹乱・中断されるのだ。ホワイトヘッドの形而上学的探求を駆動する思弁は、ベンスーザンの主張する「**中断**

された思弁」というあり方をしていると言えるだろう。(3)

ホワイトヘッドを取り上げ、さらに思弁というものの問題点を論じるのであれば、ホワイトヘッドの方法論である思弁哲学についても言及したほうが良かったのではないかと思う。きっと、ベンスーザンの「中断された思弁」を補強する材料となったはずだ。

2-2 ハーマンの関係主義批判について——破壊的関係へ

つぎに指摘したい論点は、関係についてである。

グレアム・ハーマンは、『指標主義』をめぐるオンライン・シンポジウムの発表で、ベンスーザンが関係を重視しているように見える点を批判している。ベンスーザンは、ホワイトヘッドの「ウルトラ関係的形而上学」に対して、レヴィナスの他者論を援用し対抗しているにもかかわらず、けっきょく指標的なものを関係的なものとしてあつかっている。ハーマンはこのように批判する。

わたしもこの点には同意する。ベンスーザンの議論は、内在の哲学(ホワイトヘッド、ドゥルーズ、スタンジェール、ラトゥールなど)に引っ張られて、他者の超越性が弱められてしまっているように思う。彼は、ユクスキュルの議論などを肯定的に援用するのだが、それは戦略として間違っているだろう。マダニが環境内のある情報を重要なものとしてとらえ、それらとの関係をつうじて、自らの環境を

(3) ホワイトヘッドの思弁哲学については、つぎのものを参照。飯盛元章『連続と断絶——ホワイトヘッドの哲学』人文書院、二〇二〇年、第六章。

構築している、という議論のうちにはまったく他者性はない。**他者による中断とは、そうした環世界そのものをぶち壊しにやって来るものでなければならない。**

ハーマンは、現代哲学のうちでもっとも関係を嫌悪する哲学者である。少しでも関係的な要素を肯定的にあつかっていれば、「関係主義」というレッテルを貼って批判する。そうすることで、対象の強固な自立性を浮き立たせようというのが彼の戦略なのである。

しかしながら、ベンスーザン（＋レヴィナス）の議論を読んで、ある種の関係は認めるべきなのではないか、とわたしには思われた。もっと言えば、関係には二種類あるということだ。それぞれつぎのように呼べるだろう。

① 調和的関係
② 破壊的関係

①は、他のものを自己の世界の構成要素とするような関係だ。対象の自立性を確保しようとする立場（ハーマン）も、他者性・外部性・不透明性を確保しようとする立場（ベンスーザン）も、これを徹底的に回避しなければならない。

②は、自己の世界を破壊しにやって来るものとの関係である。ベンスーザンの言葉で言えば、「中断」がこれにあたる。環世界を構築しようとする働きが中断され、そうした世界が破壊されるような関係だ。中断とは、不透明な項によってもたらされる破壊的関係である。「対象」派も「他

者」派も、この関係のみを認めるべきだ（ハーマンの議論において、「魅惑」という事態はこの破壊的関係に該当すると思われる）。

2-3　他者の形而上学から、中断の形而上学へ

最後に、中断という概念について。

わたしは、『指標主義』で頻出する「中断」という概念が気に入った。言及されていないが、おそらく元々はレヴィナスに由来する概念だろう。彼の後期の著作である『存在するとはべつの仕方で』のなかで、「存在することの中断」（interruption de l'essence）という表現がもちいられている。

英語・フランス語の interruption は、ラテン語の interrumpere に由来する。interrumpere には「中断」の意味もあるが、第一の意味は「切断する」、「バラバラにする」である。積み上げてきたもの、自己同一的なものを、バラバラに切断し、引き裂いて、破壊し、中断させる。そんなイメージだ。

「他者の形而上学」を標榜するよりも、むしろ「**中断の形而上学**」を主張したほうが良いのではないか、とわたしは思う。他者の形而上学が想定する事態が成り立つためには、多くの装置が必要になる。まず、自己同一的な項。それを超越した他者。さらに、そのふたつのあいだで引き起こされるある種の因果的な関係。これらがセットで揃うことではじめて、他者の形而上学が想定する事態が可能になる。

中断の形而上学は、もっと身軽だ。中断の可能性に取り憑かれた自己同一的な項だけがあれば良

い。少なくとも、他者という装置は必要ない。**どんなものも、なんらかの仕方でとつじょ中断（ないし引き裂き）を被る。**そうした時間的な不透明性・闇が、あらゆるものに取り憑いているのだ。こうした事態を語るのが、中断の形而上学である（中断の形而上学は、わたしがいま構想中の「破壊の形而上学」につながる）。

II

「法則」の外はとつじょ到来する

――破壊

第6章　哲学はなぜ世界の崩壊の快楽を探究してしまうのか
――パンデミックから破壊の形而上学へ

破壊の無慈悲で圧倒的な力

わたしたちが当然のものとみなしているこの日常的な世界は、とつじょ圧倒的な力によって破壊されうる。そのときわたしたちは、想像もつかない未知の世界に投げ込まれることになる。破壊とはある種の解放であり、未知の世界との接触である。本章では、破壊そのものが持つこうした力を最大強度で描き出すことを試みたい。

しかし、ふつう破壊は、創造とセットで語られることが多いだろう。「破壊は、新たな秩序が創造されるために必要なものである」。しばしば、こんなふうに語られる。つまり多くの場合、破壊は、創造のためのたんなる一ステップとみなされているのだ。破壊そのものは悪しきものである。その破壊の悲劇を、創造が緩和しにやってくる。無意味な破壊に、創造が意味をあたえてあげよう、というわけだ。

これに対して、本章では、破壊そのものが持つ無慈悲で圧倒的な力を強調したい。破壊とは、解放である。そのあとにどれだけ有益な秩序が創造されるかとは無関係に、破壊そのものが解放としての価値を持っているのだ。

破壊がもたらす解放感とマゾヒスティックな快楽

本章が追求する破壊とは、ひじょうに強く、また、そこにおいてわたしが圧倒的に**受動的**になるようなものである。それは、わたしの意志とはまったく無関係に、とつじょこの世界の根本的な土台が覆されるような破壊だ。言い換えれば、日常的に繰り返されてきたゲームを成立させるボードそのものが破壊されるような事態である。圧倒的な力によって、チェスの盤面そのものが叩き割られるのだ。

たとえば、映画『シン・ゴジラ』の中盤で、爆撃機の攻撃を受けたゴジラが、口や背中から破壊光線を四方八方へと発射するというシーンがある。都心は、あっという間に焼け野原になってしまう。また、Netflixのオリジナルアニメシリーズ『日本沈没2020』の終盤では、巨大地震をきっかけに日本全土が地殻変動によって海に沈んでいくさまが描かれる。

怪獣や自然の圧倒的な力によって、日常的な世界は、とつじょ土台から突き崩される。そこには、既知の世界が消し飛ぶある種の**解放感**と、未知の事態に浸透される**マゾヒスティックな快楽**がある。

哲学を駆動する「驚き」

さらに、こうした強い破壊をまのあたりにしたさいには、つぎのふたつの情動もともなうだろう。

ひとつ目は、**驚き**である。あたりまえだと思っていた日常的な世界は、破壊によってとつじょ一気に崩壊する。世界はあっさりと崩れ去る。この脆さに対して、驚きが生じることになる。

ところで、プラトン以来、「哲学は驚き《タウマゼイン》にはじまる」といわれる。だが多くの学問は、この驚きをなんらかの説明原理によって埋めることを目指すだろう。これに対して、破壊の探究は、哲学を駆動させる驚きそのものを追い求める。

情動のふたつ目は、**崇高**だ。これは美学上の概念である。圧倒的な力をまえにした情動が崇高と呼ばれる。世界をとつじょ突き崩す破壊の力をまえにして、わたしたちはしびれて動けなくなる。破壊という名の巨大なシビレエイによって、わたしたちの思考は圧倒的な仕方で麻痺させられるのだ。

パンデミックによる世界の破壊

破壊のイメージとして、先ほどは『シン・ゴジラ』や『日本沈没2020』のワンシーンが挙げられた。これらはあくまでもフィクションである。だが破壊は、この現実世界のうちで現に生じているし、またいつでも生じうる。直近のものでいえば、**新型コロナウィルスのパンデミック**を挙げることができる。[1]

（1）本章は二〇二〇年一〇月二三日に公開された論稿が元になっている。二〇二四年一月現在、新型コロナウイルスのパンデミックは一応終息したものとされている。

このパンデミックによって、わたしたちの社会は大きく変化した。だれもが真夏でもマスクをつけ、街中のいたるところにアクリル板やビニールシートが設置された。これらの物質が、人々をたがいに隔てているのだ。もはや見慣れた光景となった。教室で騒いだり、大人数で飲み会をしたり、ロックフェスではしゃいだりする、あのなじみの世界は崩れ去ってしまったのである。パンデミック発生以前に、だれがこうした世界の崩壊を予想していただろうか。

そもそもパンデミックによる世界の破壊は、もっと深刻なものであった可能性すらある。もし人間たちの対応が決定的に誤ったものであったならば、あるいは、ウィルスの側が感染力と毒性においてもっと強力なものであったならば、最悪の場合、人類は絶滅へと追いやられていただろう。

ふりかえれば、日本にこの未知のウィルスが入り込み、徐々に感染者が増えはじめたころ、人々のうちには不安が広がっていた。まだ、このウィルスがどういった症状をもたらすのかも、あまりはっきりしていなかったころのことだ。非科学的な情報に飛びつく人たちさえいた。

不安は、未知のものに対する自然な情動である。未知のものの侵略によって、慣れ親しんだ世界が（あるいは自分自身が）徹底的に破壊されるかもしれない。そうした可能性に対して、人は不安を感じる。だが、この不安は、反転すれば快楽となる。未知のものに侵される可能性は、マゾヒスティックな快楽を生み出すのだ。

わたしは二〇二〇年三月九日に、ツイッター上につぎのような投稿をしている。

雑踏にでると、未知のウィルスに遭遇する可能性に開かれる。免疫システムのワクワクが止まらない！

ストレンジレット衝突による人類滅亡

ともあれ、いまのところ、このパンデミックが人類を滅ぼすことはなさそうだ。しかし、パンデミックは、いくつもある人類絶滅のシナリオのほんのひとつにすぎない。そのシナリオは、ざっと数えて五〇はある。サイエンスライターのアローク・ジャーは、『人類滅亡ハンドブック』という本のなかで、五〇とおりの人類滅亡シナリオを考察している。

この本は学術書ではなく、一般向けのどこか怪しげな雰囲気のある本ではあるが、その網羅性は群を抜いていると言える。パンデミックやメガ津波、小惑星の衝突など、じつにさまざまな可能性が考察されている。

ひとつ、興味深いシナリオを紹介しよう。ストレンジレット衝突によるシナリオだ。

そもそもわたしたち自身や周囲の物質は、原子から成る。そして原子核は陽子と中性子から成り、さらにこれらはクォークという素粒子によって構成されている。ストレンジレットとは、クォークが陽子や中性子とは異なる仕方で結びついた、仮説上の粒子を指す。それは、なじみの物質を構成する粒子とはまったく異なった、未知の粒子だ。この未知の粒子は、通常の粒子と比べてひじょうに安定している。そのため、もしストレンジレットが通常の粒子と衝突した場合、その粒子もまたストレンジレットに変化してしまうのである。

あるとき、ひとかけらのストレンジレットが地球に降ってきたとしよう。そのとき、地球のあらゆる粒子はつぎつぎにストレンジレットへと変化していくだろう。最終的に、地球はまるごと、この未知の粒子でできた物質のかたまりに変化してしまうのだ。

なんという事態だろうか。なじみの世界がまるごと未知のものへと変化してしまうのである。想像のうちで描かれるそのシーンは、崇高なものでさえあるだろう。

でも、そんなSFじみたことは起こりえない。ありえないことだ。そう思われるかもしれない。

ありえないことが現実になるとき

哲学者ジャン゠ピエール・デュピュイは、破局（カタストロフ）に固有の時間性について語っている。デュピュイは、ベルクソンの哲学を参照しながら、「破局においては可能態と現実態が同時に創造される」と主張する。どういうことだろうか。

たとえば、二〇〇一年九月一一日に起こったアメリカ同時多発テロのような破局的なできごとは、それが起こるまで、だれもそのようなことが起こりうるとは思ってもいなかった。テロリストが飛行機をハイジャックし、高層ビルに激突するなんてことを、いったいだれが予見できただろうか。それはありえないことだったのである。

このテロ事件は、それが現実に起こったときにはじめて、可能だったということになったのだ。これが、「可能態と現実態が同時に創造される」ということの意味である。破局においては、あらかじめ予見されていた可能性が現実化するのではない。現実味のある可能性としてだれにも予見することのできなかったことが、つまり、ありえないことが、現実になるのである。

デュピュイは、『ありえないことが現実になるとき』という著作のなかで、破局が持つこうした構造を示し、そのうえで破局の阻止を模索している。

人間には汲みつくせない世界のカオス

しかし本章が追求してきたのは、とつじょもたらされる破壊の力そのものである。破局の阻止を目指す危機管理ではない。したがって、デュピュイから離れ、より過激な方向へむかうことにしよう。

ところでデュピュイは、破局の予見不可能性を、あくまでも人間の有限性に由来するものとみなしているように思われる。もしあらゆる情報を手にし、それを処理することのできる無限の知性が存在したとすれば、その存在にとっては、破局は起こるべくして起こった、ということになるだろう。つまり、破局は、たんにわたしたち人間の視点にとって予見不可能であるにすぎないのだ。デュピュイにおいて、世界そのものは、人間には汲みつくせないなんらかの法則に従いつづけているのである。

これに対して、世界そのものを、もっと破天荒なものとみなすことはできないだろうか。世界そのものがカオス的であるがゆえに、破局は予見不可能となる、という方向だ。

この世界そのものの偶然性

哲学者のカンタン・メイヤスーは、世界そのものが、なんの理由もなくとつじょべつのあり方に変化しうるのだと主張する。事物は、いまこのように存在していることの必然的な理由を欠いている。すべてがまったくの偶然でしかない。したがって、つぎの瞬間に、どのようにでもなりうるのである。メイヤスーはつぎのように述べる。

というのも、じっさいいかなるものも、別様ではなくそのように存在し存続していることの理由を持たないからだ。世界の事物も、世界の法則も、そうした理由を持ってはいない。まったく実在的に、あらゆるものが崩壊しうる。木々から星々にいたるまで、星々から諸法則にいたるまで、さらには自然法則から論理法則にいたるまで、あらゆるものが崩壊しうるのだ。[2]

メイヤスーにしたがえば、個々の事物ばかりか、自然法則や論理法則でさえもが崩壊しうるのである。

メイヤスーは、『有限性の後で』の中盤で、このとんでもない力を導き出している。それは、「いかなる原因も理由もなしにあらゆる自然法則を破壊しうる」[3]時間であり、さらには「限定されたどんな存在者をも破壊しうる」時間である。どんなものも、時間が流れつぎの瞬間がやってきたときには、圧倒的な仕方で破壊されてしまうかもしれないのだ。

だがメイヤスー自身は、自らが導き出したこの途方もない力に、リミッターをかける方向へとむかっていく。

世界は、とつじょまったく想像もつかない仕方で突き崩されうる

破壊そのものの力を追求してきた本章は、この哲学史上最強の破壊力を、さしあたりまるごと借用することにしよう。

この世界は、とつじょまったく想像もつかない仕方で突き崩されうる。ゴジラが破壊光線を発射するかもしれないし、ストレンジレットが衝突してくるかもしれない。つぎの瞬間、世界がまったくの無になり、そのつぎの瞬間には、鬼が出没する大正時代の世界が到来し、さらにつぎの瞬間、時間が逆向きに流れだすかもしれない。

とつじょ自然法則が崩壊し、ビリヤードボールは予想もつかない方向へと飛んでいくかもしれない。あるいは、論理法則が崩壊して、ビリヤードボールは、ビリヤードボールであると同時にビリヤードボールではないなにかになるかもしれない。論理法則さえも崩壊しうるということは、文字どおり想像することさえできない仕方で、この世界は突き崩されうるということだ。

わたしたちが現に生きているこの世界は、こうした強い壊れの可能性に開かれている。破壊が有する解放性は、ここにいたってもう一段階レベルアップしたと言えるだろう。

（2）Quentin Meillassoux, *Après la finitude: Essai sur la nécessité de la contingence*, Paris: Seuil, 2006, p. 85〔カンタン・メイヤスー『有限性の後で――偶然性の必然性についての試論』千葉雅也・大橋完太郎・星野太訳、人文書院、二〇一六年、九四頁〕.

（3）*Ibid.*, p. 100〔同書、一一一頁〕.

破壊、そして未知なる世界への転生

ここまで取り扱ってきた破壊の具体的なイメージは、絶望的なものであった。だが、世界そのものの偶然性がもたらす破壊は、そのあとに必ずしも絶望的な事態をもたらすとは限らない。それは、たんにエントロピー増大の法則に慣れ親しんだわたしたちの思考による思い込みにすぎない。

時間軸上に沿って展開されてきた連続的な線は、破壊の力によってとつじょ引き裂かれる。そして、それまでの世界とは無関係な世界がもたらされる。この新たな世界は、圧倒的な希望に満ちたものであってもかまわない。これまでのわたしたちの社会的努力とは無関係に、とつじょ想像を絶する圧倒的なユートピアが到来するかもしれない。世界の通時的な連続性からわたしたちを解放する破壊の力は、それ自身「絶望的／希望に満ちている」という人間的な二分法から解放されているのだ。

この世界は、破壊の力によってとつじょ突き崩され、わたしたちは想像もつかない未知の世界へと転生することになる。そうしたとんでもない可能性が、この退屈な日常世界の足元にまとわりついているのだ。

note　破壊性へ
——メイヤスーの「絶対的偶然性」とハーマンの「汲みつくせなさ」について

あらゆるものは、たまたまそのようになっている。それゆえ、時間的に積み上げられてきた同一性の殻をとつじょ脱ぎ捨てて、まったくべつのものに変身しうる。破壊の力はいつだってなんにだって到来しうる。わたしたちは、それによってまったく新たな世界へと投げ込まれるだろう。新しさの春の嵐は、とつぜん吹き荒れる。

そんなことをここ数年のあいだずっと考えている。だが、この思考の同一性にも破壊がやって来るかもしれない。そして、まったくべつのことを考え出すかもしれないし、そもそも考えることとはべつのことをやり出すかもしれない。なので、簡単なメモを残しておこう。破壊性へ——。

＊　＊　＊

カンタン・メイヤスーの「**絶対的偶然性**」から出発しよう。この概念の正式名称は「事実論性」である。だが、ほかにもさまざまな名を持つ。「非理由律」、「別様である可能性」、「ハイパーカオス」、「あらゆるものを破壊しうる時間」、「デカルトの神に匹敵する全能性」など。

これらの名はどれも、つぎのおなじ事態を表現したものだ――すべては偶然的である。それゆえ、つぎの瞬間に別様になりうる。

メイヤスーは、たんに偶然性を主張しているだけでなく、そこに生成変化の可能性をも付け足している。この点がおもしろい。たんに偶然性を主張するだけの哲学者ならいくらでもいるが、そうではない。「あらゆるものはたまたまそうなっている。だったら、それとはまったくべつのあり方になってしまってもおかしくない」というのがメイヤスーの考えだ。ここで**〈あらゆるもの〉の範囲を最大限に広く**、そして**〈なる〉の断絶を最大限に強く**理解することが重要である。

まずは〈あらゆるもの〉について。とつぜん別様になってしまうのは、個々の事物だけではない。あらゆる事物のあり様を規定している法則性も変化しうる。つまり、物理法則や論理法則、形而上学的法則でさえも変化しうるのだ。たとえば、ビリヤードボールがありえない方向に飛び出していくかもしれない。あるいは、プーチンがプーチンであると同時にプーチンでない世界になるかもしれない。時間が逆行したり、前でも後ろでもないまったくべつの方向に流れ出したりしても良い。なんでもありだ。

ということは、〈なる〉の断絶がとてつもなく強い、ということである。あらゆるものが、どのようにでもなりうる。しかも、いまのわたしたちにはまったく想像できないようなあり方で。こうした劇的な生成変化の可能性が世界全体に染み渡っているのだ。

メイヤスーの考え方のラディカルさを理解してもらうために、可能世界論と対比してみよう。可能世界論は、可能性を空間的に表象する。この現実世界のサイドに無数の可能な世界が広がっている、と考える。現実世界を含めたそれらの世界は、それぞれが固有の法則にしたがって、破壊的な生成変化とは無縁のまま存在しつづけている。つまり、可能世界論においては、現実世界とは別様な世界がただ無数に存在しているだけであって、世界そのものが別様になることはないのだ。それらは永遠に無傷のままだ。可能性の力の鬓を伸ばしきり、それを明るく照らし出された空間に閉じ込めている。そんなイメージだ。これに対してメイヤスーは、可能性の力を時間的に未来方向へとあふれ出させる。可能性の力は、この現実世界そのものをとつじょまったく別様な世界へと変えてしまう。この現実世界そのものが、あるときとつじょべつの可能世界になってしまうのだ。

メイヤスーが考える時間的な可能性の力（絶対的偶然性）は、可能世界論が提示する形而上学的構造そのものにさえも絡みついている。可能世界論が考えるように、この現実世界のサイドに無数の可能世界が広がっているとしよう。だがメイヤスーの主張にしたがえば、そうした諸世界から成る構造そのものも、つぎの瞬間に崩壊し、まったくべつの構造へと劇的に生成変化するかもしれない。メイヤスーの絶対的偶然性は、可能世界論そのものの破壊可能性をも含意する。

このように、メイヤスーが考える絶対的偶然性はひじょうに強力なものである。哲学史においても最強の破壊力を持っている、と言って良いだろう。だが、メイヤスー自身は、この力にリミッターをかける方向へ議論を進めていってしまう。なんてもったいないことを!

わたしは、リミッターがかかる手前の純粋な絶対的偶然性の力をそのまま引き継ぎたいと思う。それをあらためて「**破壊性**」と呼びなおすことにしよう。それはあらゆるものに浸透する破壊の力だ。それは、いかなる理由もなしに、とつじょ通時的な同一性を引き裂く。そして、まったくべつの新たな世界を到来させるだろう。ヴァルター・ベンヤミンが「歴史の概念について」のなかで用いているイメージを借用（しっつ破壊）して、つぎのように言おう——破壊の嵐は、瓦礫が残らないほどにすべてを吹き飛ばし、哀れな「歴史の天使」をまったく新たな異世界へと転生させるだろう。

＊　＊　＊

グレアム・ハーマンは、対象を重視する。ハーマンにしたがえば、個々の対象は、他のいかなるものにも還元されない強力な自立性を有する。その自立性を支えるのは、「**汲み尽くせなさ**」である。対象の強力な汲み尽くせなさが、その自立性を保証している。

たとえば、「プーチン」という対象は、他の対象によっては汲みつくされえないものだ。側近や娘、ペットの犬、愛用のネクタイといった対象は、プーチンと親しい関係を持つだろう。だが、そうした関係においてでさえもまったく隠れたままの余剰的な性質を、プーチン対象は隠し持っているのである。この余剰的な性質は、プーチン自身にもまったく隠されたままだ。さらには、全知全能の神でさえも、それを汲みつくすことはできない。このようにハーマンは、汲みつくせなさをひじょうに強力なものとしてとらえている。

この汲みつくせなさは、変化や新しさの起爆剤としての役割を担っている。対象の奥底に眠る汲みつくせなさの闇から未知の性質が噴出することによって、世界に新しさがもたらされるのだ。ハーマンは、変化の起爆剤としての汲みつくせなさを、個々の対象のうちに埋め込む。

ところで、破壊性もまた変化の起爆剤であると言える。破壊の嵐が吹き荒れることによって、事物は既存のあり様を吹き飛ばし、別様な姿へ変化することになるからだ。しかしその一方で、破壊性は、ハーマンの汲みつくせなさとは異なり、個々の対象という固定的な枠の内部におとなしく収まってはいない。破壊性は、対象性という枠組みそのものにも浸透している。破壊の嵐は、対象性という構造そのものをも吹き飛ばしうる。それは、「さまざまなタイプの対象から成り立つ」という世界の構造さえも変化させうるのだ。

ハーマンは、対象性という形而上学的構造にかんしては汲みつくせる、という態度を取っているのだと言える。ハーマンにおいて、変化の起爆剤としての汲みつくせなさは、対象性に従属している。したがって、この対象性だけは爆破不可能なものとなる。ハーマンにおいて、対象性は爆破不可能な必然的構造として汲みつくされることになるのだ。

これに対して、破壊性は、汲みつくせなさが持っている爆破の力を極限まで解き放つ。いかなるものも、爆破の可能性を免れることはない。破壊性は、個々の対象だけでなく、対象性そのものをも爆破し、まったく新たな構造の世界を到来させうるのだ。

第7章　非ネットワーク的外部へ
——ラトゥール、ホワイトヘッド、ハーマンから、破壊の形而上学へ

哲学はスイングバイによって思考の深宇宙へ飛び立つ。哲学の先人たちが残していった概念は、いわば重力の塊である。新たな哲学は、そうした概念の重力を利用し、スイングバイをおこなうことによって進展する。まずは、哲学的概念の魅力にいったん引き込まれ、その力をじゅうぶんに見定めることが必要だ。そのうえで、その概念との差異化を図り、表面をかすめて、はるか遠くへ一気に飛んでいく。哲学とは、このように進展していく宇宙航行である。

本章は、ブリュノ・ラトゥール、アルフレッド・ノース・ホワイトヘッド、グレアム・ハーマンの哲学を取り上げる。この固有名の連なりは、ハーマン自身が開拓した哲学航路を示している。ハーマンは、ラトゥールとホワイトヘッドの読解をつうじて彼らとの差異化を図り、自らの立場を明確化した。ラトゥールの「アクター」(actor) とホワイトヘッドの「現実的存在」(actual entity) は、いわば二重連星である。両者の概念は、それぞれがまばゆい光を放つ大質量の恒星だ。それらは連星をなし、共通重心のまわりを高速で回転している。この連星から吹き出る大量の物質は、広大な

星雲を形成し、現代哲学における新たな概念のゆりかごとなっている（そこには、ダナ・ハラウェイやカレン・バラッド、ジェーン・ベネットらの概念が含まれているだろう）。ハーマンは、この連星の重力を利用して、そこからはるかに遠ざかった宇宙空間へと飛び去っていく。彼が向かうのは、「実在的対象」（real object）というブラックホールだ。

本章は、ハーマンが開拓したこの航路を改めてたどり直す試みである。準備作業（第1節）を踏まえたうえで、まずラトゥールとホワイトヘッドについて考察する（第2節）。そして、ハーマンがこのふたりの哲学者とどのように距離を取ったのかを確認する（第3節）。しかし、本章の航行はここで終わりではない。さらなるスイングバイによって、ハーマンの「実在的対象」をかすめ、その先へと飛び去ることが本章の目的である（第4節）。あらかじめ方向性を示しておくならば、本章が目指すのは、ハーマン以上に非ネットワーク的外部の強度を高めることだと言える。わたし自身の立場である「破壊の形而上学」へ向かうこと。新たな航路を開き、宇宙地図を拡張すること。それが本章の目的である。

1　方法と形而上学的モデル

〈アクター＋現実的存在〉から、実在的対象へ。この航路を開拓したハーマンによるラトゥール研究について確認しておこう。そのはじまりは一九九八年に遡る。ハーマンはこの年に、知人の薦めでラトゥールの著作を読みはじめるようになった[1]。そして翌九九年に、デポール大学で「ブリュノ・ラトゥール、ネットワークの王」というタイトルで講演をおこなう（発表原稿は後に『思弁的実在論のほうへ』に収録された[2]）。ハーマンがこのときの原稿をラトゥール本人に送ったことがきっかけで、両者の交流がはじまった。

ハーマンがはじめて丸々一冊を費やしてラトゥールについて主題的に論じた著書は、『ネットワークの君主――ブリュノ・ラトゥールと形而上学』である。この本は出版に先立ち、まずその草稿を元にしたシンポジウムが開催された。シンポジウムは、二〇〇八年にロンドン・スクール・オブ・エコノミクスで、「ハーマン・レビュー――ブリュノ・ラトゥールの経験的形而上学」というタイトルで開催された。このシンポジウムには、ラトゥールも参加している。イベントは、まずハーマンが、参加者に事前に配布した草稿のポイントを説明し、その後でラトゥールが応答、さらにハーマンがそれに再応答して、最後に全体で議論をする、という流れになっている（イベントの記録は『君主と狼』として出版された[3]）。ハーマンはシンポジウムでの議論を踏まえて残りの部分を完成さ

（1）ハーマンがラトゥールを読解しはじめた経緯については、つぎのものを参照。Graham Harman, *Towards Speculative Realism: Essays and Lectures*, Winchester: Zero Books, 2010, p. 67. ハーマンは、ホワイトヘッドに関しては、ラトゥールを読解するよりもかなりまえの時期から取り組んでいる。「わたしは早くも一九八六年から断続的にホワイトヘッドの読解を試みてきたが、ホワイトヘッド（とスペイン・バスク地方の偉人な哲学者ハビエル・スビリ）がわたしをハイデガー的立場から遠ざけさせはじめたのは、一九九七年の夏のことであった」（*ibid.*, p. 22）。

（2）*Ibid.*, pp. 67-92.

せ、二〇〇九年に『ネットワークの君主』を出版するにいたった。ハーマンは同書の出版後も頻繁にラトゥールに言及し、新たなラトゥール論の著書を出版してさえいる[4]。ハーマン自身の哲学的立場にとって、ラトゥールはそれほどに重要な参照軸になっているのだと言える。

さて、ハーマンによるラトゥール研究の内容的なポイントに移ろう。ここでは、ふたつの点について確認しておく。ひとつ目は、ラトゥールを形而上学者として論じている、という点である。そしてふたつ目は、形而上学者ラトゥールの先駆者としてホワイトヘッドを位置づけている、という点だ。ふたつ目の点については、次節以降でさらに詳しく確認することになる。ハーマンは、ラトゥールとホワイトヘッドの形而上学がつくりだす重力圏から一気に飛び出すことで、自らの形而上学的立場へと向かう。だがこの飛び出しは、そもそもひとつ目の点、つまり、ラトゥールの議論が形而上学であるということを前提にしている。ハーマンは、『ネットワークの君主』序論で、「本書はブリュノ・ラトゥールを形而上学における重要人物として考察する初の本である[5]」と宣言する。しかし、そもそもラトゥールがおこなってきたことは、ほんとうに形而上学であると言えるのだろうか。言い換えれば、彼が提示しているのは、世界に存在するものを一般的な仕方で説明する形而上学的モデルなのだろうか。

この問いに対して、ラトゥール自身は否定的に答えるだろう。先ほど紹介した二〇〇八年のシンポジウムにおいても、ラトゥールは、自らの著作を形而上学として読まれることに難色を示している。自分自身は調査対象としての獲物をただ追いかけている犬のようなものだ、とラトゥールは言う。しかし、気づくとその獲物は、プロの哲学者集団である狼たちの群れのなかに迷い込んでしまっている。犬であるラトゥールは、ただ獲物を追いかけたいだけであって、狼たちが発する形而上学的問いに飛び込むつもりはない、と述べる。(6)

ここには、ラトゥールが提唱者のひとりである「アクターネットワーク理論」(actor-network-theory, 以下ANTと略記）の根本的な態度があらわれている。ANTは、「アクターを追え」(follow the actors) ということを標語に掲げる。(7) つまり、「構造」や「コンテクスト」などの抽象的な装置に頼ることなく、具体的な領域におけるアクターの連関をただ追いかけていくことを推奨するのである。抽象的な枠組みをもちいて説明するのではなく、具体的な調査対象をただ記述すること。いっさいの予断なく、目に見えるものの力だけをひたすら追いかけて記述すること。これがANTの核である。この意味で、ANTは消極的な方法であるという点が強調される。(8) つまり、ANTは世界のあり様を積極的に提示する形而上学的なモデルではない、ということだ。それは、具体的なフィールドを

（3）Bruno Latour, Graham Harman & Peter Erdélyi, *The Prince and the Wolf: Latour and Harman at the LSE*, Winchester: Zero Books, 2010.
（4）Graham Harman, *Bruno Latour: Reassembling the Political*, London: Pluto Press, 2014.
（5）Graham Harman, *Prince of Networks: Bruno Latour and Metaphysics*, Melbourne: re.press, 2009, p. 5.
（6）Cf. Latour, Harman & Erdélyi, *The Prince and the Wolf*, *op. cit.*, p. 41.
（7）Bruno Latour, *Reassembling the Social: An Introduction to Actor-Network-Theory*, Oxford: Oxford University Press, 2005, p. 68〔ブリュノ・ラトゥール『社会的なものを組み直す――アクターネットワーク理論入門』伊藤嘉高訳、法政大学出版局、二〇一九年、一二九頁〕.
（8）Cf. *ibid.*, p. 142〔同書、二七一頁〕.

調査するための方法なのである。
ラトゥールのこの態度は、初期から一貫したものだと言える。彼は、論考「非還元」のなかで、あらゆるものを抽象的な原理へ還元しようとする還元主義的態度に対する嫌悪の感覚を回想し、つぎのように述べている。

> キリスト教徒であるとき、人は世界を創造することができる神を、それゆえ世界を自己自身へと還元することができる神を愛する。カトリック教徒であるとき、人は世界をローマ協会による救済の歴史に切り詰める。天文学者であるとき、人は宇宙の起源を探し出し、ビッグバンから宇宙の歴史を演繹する。数学者であるとき、人は他のすべてを系と帰結として含み込む公理を探し求める。哲学者であるとき、人はそれを起点とすれば残りすべてが現象でしかないような根源的基礎の発見を切望する。[9]

このように、人々は自らの領域における根源的な装置をもちいて、あらゆるものをそれへと還元しようと試みる。ラトゥールは、そうした振る舞いを数多く目撃し、「還元主義の過剰摂取《オーバードーズ》」に陥った。そこで還元主義をなんとか回避する術を求めて、初期のラトゥールがいたりついたのが、つぎの原理である。

一・一・一　いかなるものもそれ自体によって、他のなにかに還元可能であったり、還元不可能であったりすることはない。／備考：わたしはこれを「非還元性の原理」（principe d'irréductibilité）と呼ぶ。だが、それは支配する君主（prince）ではない。もしそうなれば、自己矛盾することになるだろう。(10)

ローカルで具体的なアクターの連関をただ記述し、いかなる抽象的なモデルも立てることなく、非還元を貫くこと。これが、ラトゥールの根本姿勢である。

ラトゥールのこうした態度とは対照的に、ホワイトヘッドとハーマンはむしろ積極的に形而上学的モデルを提示している。ホワイトヘッドは、「有機体の哲学」（philosophy of organism）というモデルを提示し、出来事的な存在者が有機的に絡まりあうあり方を描く。またハーマンは、「オブジェクト指向存在論」（object-oriented ontology, 以下OOOと略記）というモデルを提示し、自立的に存在する個体的対象を中心に据える。ラトゥールがたんに方法を提示しているだけだとするならば、それをホワイトヘッドとハーマンの形而上学的モデルと同列に並べてあつかうことは不可能となる。とはいえ、この問題については、つぎのように考えることできる。ラトゥールは、彼の意図に反

（9）Bruno Latour, *Les Microbes: guerre et paix, suivi de irréductions*, Paris: Éditions A. M. Métailié, 1984, pp. 181-182〔ブリュノ・ラトゥール『パストゥールあるいは微生物の戦争と平和、ならびに「非還元」』荒金直人訳、以文社、二〇一三年、三〇四頁〕.

（10）*Ibid.*, p. 177〔同書、二九五頁〕.

して、むしろ形而上学的モデルを示してしまっているのではないか。たしかにラトゥールは、説明ではなく、ただ記述することを推奨する。しかし彼は、記述される側の一般的なあり方について語ってしまっている。記述すべきものとしてラトゥールが示すのは、無数のアクターであり、それらの連関である。そうした語りには、すでに世界の一般的な構造が示されてしまっているだろう。さらにラトゥールは、構造がローカルな場においてつくりあげられる仕方について語っている。[11] つまり、構造が生み出される構造を語ってしまっているのだ。これは紛れもなく、形而上学的モデルである。ANTは、じつはたんなる方法を超えたものであって、還元を作動させるような抽象的構造がアクターの連関のなかでいかにして発生するのかを描き出した形而上学的モデルだと言えるだろう。ラトゥールは、非還元性の原理そのものから一歩だけ退き、還元的な構造をさらに還元する構造を提示しているのである。このような意味において、ラトゥールは自身の意図に反してある種の形而上学的モデルを提示してしまっている、と言えるだろう。

さて、これでさしあたりの準備は整った。いよいよ、「アクター」と「現実的存在」から成る二重連星について考察しよう。

2　存在者のネットワーク性——ラトゥールとホワイトヘッド

ハーマンは、ホワイトヘッドを「ラトゥールの祖先的同盟」[12]と位置づける。じっさい、ラトゥール自身も何度かホワイトヘッドに言及している。[13] 両者は緩やかに類似したモデルを提示していると言えるだろう。本節では、ラトゥールとホワイトヘッドに共通するふたつの点に着目する。だが、どちらの共通点も、より厳密にとらえるならば相違点（両者の固有性）が見えてくることになる。ふたつの共通点について、それぞれ順番に確認していこう。

2-1 フラットな存在者

ひとつ目の緩やかな共通点は、存在者のフラット性である。ラトゥールもホワイトヘッドも、あらゆるタイプの存在者を平等に位置づける。近代哲学の正統派のように、思考する人間と思考される事物とのあいだに存在論的な差異を見いだすことはない。人間も、猫も、木も、エディンバラの

（11）Cf. Latour, *Reassembling the Social, op. cit.*, p. 191〔ラトゥール『社会的なものを組み直す』前掲書、三六七－三六八頁〕.

（12）Harman, *Prince of Networks, op. cit.*, p. 29.

（13）ラトゥールがホワイトヘッドを主題的に論じたおそらく最初のものだと思われる論文に、つぎのものがある。Bruno Latour, «Les objets ont-ils une histoire? Rencontre de Pasteur et de Whitehead dans un bain d'acide lactique,» in Isabelle Stengers (eds.), *L'effet Whitehead*, Paris: Vrin, 1994, pp. 196-217. その後、『科学論の実在』のなかで単著でははじめてホワイトヘッドへの言及がなされ、「命題」（proposition）概念が積極的に援用されている（Cf. Bruno Latour, *Pandora's Hope: Essays on the Reality of Science Studies*, Cambridge: Harvard University Press, 1999, p. 141〔ブルーノ・ラトゥール『科学論の実在――パンドラの希望』川崎勝・平川秀幸訳、産業図書、二〇〇七年、一八一頁〕）。その他にホワイトヘッドを主題的に論じた論文として、つぎのものがある。Bruno Latour, "What Is the Style of Matters of Concern?" in Nicholas Gaskill and A. J. Nocek (eds.), *The Lure of Whitehead*, Minneapolis: University of Minnesota Press, 2014, pp. 92-126.

キャッスル・ロックも、トポフィル（測量道具）も、みな等しい存在論的身分を持つことになる。ハーマンがよくもちいる表現で言えば、ラトゥールとホワイトヘッドは「フラットな存在論」（flat ontology）を提示しているのである。[14]

ラトゥールは、ミッシェル・カロンの「一般化された対称性の原理」（principe de symétrie généralisée）を採用し、人間と非人間を区別することなくあつかう。[15] あらゆるタイプの存在者が、等しくアクターとみなされるのだ。他方でホワイトヘッドは、現実的存在のフラット性についてつぎのように述べている。「重要さの段階や機能の多様性があるとしても、現実態が例証する諸原理において、すべてはおなじ次元にある。究極的事実は、みな同様に現実的存在である」。[16]

このように、アクターと現実的存在はフラット性という重力で結びついている。だが、そこには隔たりもある。両者はふたつの点で異なっている。一点目は、時間的に存続するかどうか、という点だ。アクターは、歴史的な時間のなかで存続する。アクターは、他のアクターに影響をあたえ、あたえ返されるなかで、自らを変様させていく。非人間的な事物も、こうした意味での「歴史性」（historicity）を持つのだとラトゥールは主張する。[17] ここで着目したいのは、このような歴史性を持つアクターは時間のなかで消滅することなく存続する、という点である。これに対して、現実的存在は「絶えざる消滅」（perpetual perishing）[18] を特徴とする。それは、瞬間的な存在である。そのときその瞬間のその個体が、現実的存在だ。それは、過去の要素を受容して、自己自身をつくりあげたとたんに消滅する。「その誕生がその消滅である」。[19] 現実的存在は、時間的変化の背後で、それを支えるようにして存続しているものではない。日常的に出会われる、時間のなかを存続する事物は、

「社会」（society）として説明される。絶えず生成しては消滅する無数の現実的存在が、なんらかの秩序を引き継ぐことによって形成される通時的な系列が社会である。[20]

相違の二点目に移ろう。存在者を外から見るか、内から見るかという違いだ。まずアクターは、外から見られた存在者だと言える。それはＡＮＴが、科学的知識が生み出される現場を記述する科学論《サイエンス・スタディーズ》として出発したことと関係するだろう。たとえば、ラトゥールはアマゾンの森林土壌調査をする科学者たちに同行して、さまざまなアクターの連関を追いかけている。植物学者、土壌学者、地理学者、地図、測量道具のトポフィル、土壌採取用のドリル、土壌比較器など、さまざまなアクターが連関する様子が記述される。[21] これらのアクターは、どれもラトゥールの視線によって

（14）Cf. Harman, *Prince of Networks, op. cit.*, pp. 214-215.

（15）Cf. Bruno Latour, *Nous n'avons jamais été modernes: Essai d'anthropologie symétrique*, Paris: La Découverte, 2006, pp. 128-131〔ブルーノ・ラトゥール『虚構の「近代」——科学人類学は警告する』川村久美子訳・解題、新評論、二〇〇八年、一六五－一六九頁〕.

（16）Alfred North Whitehead, *Process and Reality*, New York: Free Press, 1978, p. 18〔アルフレッド・ノース・ホワイトヘッド『過程と実在』上／下、山本誠作訳、『ホワイトヘッド著作集』第一〇／一一巻、松籟社、一九八四／一九八五年、三〇頁〕.

（17）Cf. Latour, *Pandora's Hope, op. cit.*, pp. 145-146〔ラトゥール『科学論の実在』前掲書、一八六頁〕.

（18）Whitehead, *Process and Reality, op. cit.*, p. 60〔ホワイトヘッド『過程と実在』前掲書、一〇二頁〕.

（19）*Ibid.*, p. 80〔同書、一三八頁〕.

（20）*Ibid.*, p. 34〔同書、五七－五八頁〕.

外から見いだされた存在者である。これに対して、現実的存在は内から見られた存在者だ。ホワイトヘッドは、ある種の現象学的な手法をもちいて、人間経験のあり様を内側から描き出す。そして、そのようにして得られた構造を減算的に一般化し、あらゆる現実的存在のモデルとする。現実的存在とはいわば「経験のしずく」(drops of experience)[22]であり、石や電子などの低次の現実的存在もかならず内的な経験的活動として存在しているのだとされる。

2-2　存在者のネットワーク性

ふたつ目の緩やかな共通点について確認しよう。ひとつ目の共通点は、フラットな存在者であった。あらゆるタイプの存在者がアクターないし現実的存在であるとされる。この点に加えて、ラトゥールとホワイトヘッドの両者は、存在者のネットワーク性を重視する。ある存在者は、かならず無数の存在者と関係している。存在者はこうしたネットワークから独立して存在することはない、というのが両者の共通した発想だ。ハーマンは、このように関係を重視する両者の立場を「関係主義」(relationism)と呼ぶ[23]。

ラトゥールとホワイトヘッドの形而上学的モデルは、ハーマンが指摘するように、たしかに関係主義という共通点を持っている。しかし、両者において重視される関係の向きは逆になっている。この点に注意する必要がある。ホワイトヘッドは原因方向の関係を重視し、ラトゥールは効果方向の関係を重視する。ハーマン自身の言い方ではないが、前者の立場を〈原因の関係主義〉、後者の立場を〈効果の関係主義〉と呼ぶことができるだろう。それぞれ確認しよう。

まずは〈原因の関係主義〉について。これは、「存在するとは無数の原因によってつくられることである」と要約することができる。ホワイトヘッドはこの立場に立つ。彼は、「実体の哲学」(philosophy of substance)を乗り越えることを目指し、関係主義的な「有機体の哲学」にいたりついた。もし世界に存在するものが、他のものを必要とせずにそれ自体で独立する実体であるとしたら、それらの相互関係を説明できなくなってしまう、というのがホワイトヘッドの問題意識だ。思考実体であるわたしが、目のまえの物質的な実体を認識する場合、たんにわたしは精神のうちの私的な性質だけを眺めている、ということになってしまう。つまり、それぞれがただ幻覚じみた経験をしている、という世界になってしまうのだ。しかし、わたしたちが経験する世界はそのようなものではない。わたしたちは、周囲の事物そのものが直接的に働きかけてくることをつねに感じているのである。たとえば、「八月の森林地帯に赴き、昆虫たちが低くうなり声を発しているのをぼんやりと耳にすれば、まわりの自然から自分自身のうちへといろいろな感じが押し入ってくることに圧倒されるだろう[24]」。ホワイトヘッドは、このように周囲のものが直接入り込んでくる働きを、「抱握」(prehension)という用語で表現する。それは「関係性の具体的事実」である[25]。現実的存在は、自ら

(21) Cf. Latour, *Pandora's Hope*, *op. cit.*, pp. 24-79〔ラトゥール『科学論の実在』前掲書、三三―一〇〇頁〕.
(22) Whitehead, *Process and Reality*, *op. cit.*, p. 18〔ホワイトヘッド『過程と実在』前掲書、三〇頁〕.
(23) Cf. Graham Harman, *The Quadruple Object*, Winchester: Zero Books, 2011, p. 12〔グレアム・ハーマン『四方対象――オブジェクト指向存在論入門』岡嶋隆佑監訳、山下智弘・鈴木優花・石井雅巳訳、人文書院、二〇一七年、二五頁〕.
(24) Whitehead, *Process and Reality*, *op. cit.*, p. 176〔ホワイトヘッド『過程と実在』前掲書、三〇六頁〕.

に先行し自らを取り巻く無数の現実的存在を抱握によって受容し、自己自身をつくりあげる。それは、自らの原因となるものとの関係によってつくりあげられているのだ。しかも、この関係のネットワークは宇宙全体に広がっている。ある現実的存在には、それに先行するすべての現実的存在が、構成要素として関係しているのである。[26]

つぎに〈効果の関係主義〉について確認しよう。こちらは、〈原因の関係主義〉とは反対に、効果を重視する。この立場は、「存在するとは無数の効果をもたらすことである」と要約することができるだろう。ラトゥールはこちらの立場に立っていると言える。彼は、アクターについてつぎのように述べる。

〔…〕アクターは、その行為をとおしてしか明確にすることはできない。そして行為を明確にするには、いま注目しているキャラクターによって他のどんなアクターが修正、変換、撹乱、創造されているのかを問うしかない。[27]

アクターは、他のアクターに対してどのような効果、どのような差異をもたらしているのかによって規定される。[28] こうした関係から離れて、アクターがそれ自体として存在することはない。

例として、一九世紀の細菌学者ルイ・パストゥールについての分析を見ておこう。[29] ラトゥールは、パストゥールの論文「いわゆる乳酸発酵に関する報告」を読解し、乳酸発酵素の「発見」について分析する。パストゥールが活躍した一九世紀中頃においては、乳酸発酵という現象は微生物によるものではなく、純粋に化学的な現象であると考えられていた。だがパストゥールは、乳酸発酵のさいにあらわれる灰色の物質に着目し、その特徴を記述した。さらに、それを取り出し、それがどのような効果をもたらすのかをつぶさに観察した。そして最終的に、そうしたさまざまな特徴をひとつの実体、つまり乳酸発酵素へとまとめあげたのである。ラトゥールは、乳酸発酵素とパストゥールを、それぞれシンデレラとチャーミング王子にたとえている。王子（パストゥール）は、乳酸発酵という舞台において脇役にすぎなかったもの（灰色の物質）に着目し、それを主役の座へと引き上げた。他方で、シンデレラ（乳酸発酵素）は、ひとりの科学者を乳酸発酵素の発見者という地位へ引き上げる。[30] このようにシンデレラと王子は、相互に効果をもたらし、そのフィードバックを受けて自己自身を変様させるのである。アクターは、かならずこうした連関のうちに存在するのだ。

最後に、〈効果の関係主義〉の特徴として、特殊な時間性・歴史性について確認しておきたい。〈効果の関係主義〉において、存在者はそれがもたらす効果によって規定される。そのため、それ

（25）*Ibid.*, p. 22〔同書、三六頁〕.
（26）ホワイトヘッドは、つぎのように述べている。「したがって、他のすべての現実的存在を含む、宇宙のあらゆる項が、任意の現実的存在の構造における構成要素をなす」（*ibid.*, p. 148〔同書、二五六頁〕）。
（27）Latour, *Pandora's Hope*, *op. cit.*, p. 122〔ラトゥール『科学論の実在』前掲書、一五六頁〕.
（28）Cf. Latour, *Reassembling the Social*, *op. cit.*, p. 71〔ラトゥール『社会的なものを組み直す』前掲書、一三四頁〕.
（29）Cf. Latour, *Pandora's Hope*, *op. cit.*, pp. 113-144〔ラトゥール『科学論の実在』前掲書、一四三－一八五頁〕.
（30）Cf. *ibid.*, pp. 122-123〔同書、一五七－一五八頁〕.

がなんであるかは、その効果のフィードバックが戻ってくる未来の瞬間まで確定しないことになる。だからこそ、〈効果の関係主義〉においては、未来のフィードバックを受け取るものとして、存在者が時間的に存続することが必要になるのだと言える（本章2－1）。しかも、このフィードバックによる変様は遡及的に働き、存在者の過去をまるごと変えることになるのだ（逆向き因果[31]）。これは、〈原因の関係主義〉と大きく異なる点である。〈原因の関係主義〉においては、存在者は過去の原因によって十全に規定されるので、それがなんであるかはそのつど確定する。因果的な作用は、けっして逆向きに働くことはなく、かならず過去から現在へと向かう。一度確定し消滅した過去そのものが、未来においてどのような効果をもたらすかに応じて変様することはない。

3　非ネットワーク的外部へ――ハーマン

前節では、アクターと現実的存在から成る二重連星について考察した。この連星は、ふたつの緩やかな共通点によって結びついている。〈存在者のフラット性〉と〈存在者のネットワーク性〉である。ハーマンは、前者を自らの立場であるOOOと共通するものとして肯定的に評価するが[32]、その一方で後者に対しては否定的な態度を示す。そもそもOOOは、自立的な対象を中心に据えた形而上学的モデルである。したがって、関係（ないしネットワーク）ではなく実体を重視する立場だと言える。ところが、現代はまさにその逆の立場が優勢になっている、とハーマンは指摘する。

わたしたちがいまいるのは、関係性の黄金時代だ。ほとんどすべての人たちが結束して、伝統的な独立した実体という考え方に抵抗している。空虚のうちに存在し、ただ偶有的な仕方においてのみ影響しあう実体は、毛嫌いされているのだ。対象とは、他の対象に対する効果以外のなにものでもない――現在もっとも影響力のある関係的思想家のひとりであるブリュノ・ラトゥールは、このように述べる。〔…〕存在者は「空虚な現実態」ではなく、宇宙におけるその他すべてのものの抱握（つまり関係）へと具体的に分析されなければならない――現代のもっとも革新的な哲学者たちの一部にとって知的祖先であるアルフレッド・ノース・ホワイトヘッドは、このように述べる。[33]

〈アクター＋現実的存在〉の二重連星から広がる「関係性」星雲。そこは、現代哲学にとっての広大なゆりかごとなっている。ハーマンは、この重力圏からの離脱を試み、対象の深みという非ネットワーク的外部を目指す。

（31）Cf. *ibid.*, pp. 168-173〔同書、二一六－二二二頁〕.
（32）Cf. Graham Harman, *Object-Oriented Ontology: A New Theory of Everything*, London: Pelican, 2018, p. 255.
（33）Graham Harman, "Aestheticizing the Literal: Art and architecture," in Michael Benedikt and Kory Bieg (eds.), *CENTER 21: The Secret Life of Buildings*, Austin: Center for American Architecture and Design, 2018, p. 62.

事物は、他のものとの関係によって成り立つのではなく、それ自体の深みを備えて、自立的に存在している。OOOのこの根本的な直観を表現するために、ハーマンは「内的関係／外的関係」(internal relation / external relation)という区別を援用する。内的関係とは、関係項にとって本質的で、必要不可欠な関係を意味する。他方で、外的関係とは、関係項にとって偶有的で、それなしにも項が存立しうる関係だ。ハーマンは前者を否定的に、後者を肯定的にとらえる。「[…]わたしたちは、「関係はその項にとって外的である」という古い格言を強調すべきだ。事物はそれ自体において切り離されているのであって、それらの関係は、事物とはまったくべつのものである」[34]。

ハーマンは、関係が対象の内的本質へと食い込むことを防ぐ装置の比喩として、「ファイアウォール」という表現をもちいている。対象は、ファイアウォールによって関係から遮断されているのだ。OOOにおいて、あらゆる関係は、ファイアウォールによって切断された外的なものなのである。『ネットワークの君主』では、ふたつのタイプのファイアウォールが提示されている[35]。それぞれ確認しよう。

ひとつ目は、対象がもたらす効果との関係を遮断するファイアウォールだ。対象は、それがもたらす効果と同一ではない。たとえば、ハンマーは釘を打つという効果をもたらすが、使用者に対するそうした機能的関係によって汲みつくされることはない。もしそうした関係によって汲みつくされるのだとすれば、ハンマーは釘を打つ以外のこと、たとえば壊れることが不可能になってしまう。「道具が他のあらゆる存在者との機能的関係以上のものでないとすれば、それは壊れることができないだろう。なにかが壊れるためには、それが現在もたらしている効果や影響のしたに頑固な余剰が含まれていなければならない」[36]。対象はファイアウォールによって隔てられ、現にもたらしている効果以上の余剰を隠し持っているのである。

ふたつ目のファイアウォールは、対象をつくりあげる構成要素との関係を遮断するものだ。列車を例に考えよう。ひとつの対象としての列車は、車輪や車体などのさまざまな部分が結合することで成り立っている。ハーマンは、こうした構成要素との関係を「対内関係」(domestic relation)と呼ぶ[37]。そして、この関係は、対象にとってたしかに必要なものだと述べる。構成要素なしに、全体としての対象が存在することはないからだ。しかし、そこには「創発」(emergence)という働きがある、とハーマンは言う。構成要素が結合するとき、そこから創発する全体としての対象は、部分以上の存在となり、構成要素から自立することになるのだ。列車の場合、構成要素である車輪を交換したとしても、その列車が同一性を失うことはない[38]。一度できあがった列車は、構成要素から自立した対象となる。ファイアウォールは、対象が構成要素へと還元されることを防ぎ、その自立性を担保するのである。

(34) Harman, *Prince of Networks, op. cit.*, p. 188.
(35) Cf. *ibid.*
(36) Graham Harman, *Speculative Realism: An Introduction*, Cambridge: Polity Press, 2018, p. 94〔グレアム・ハーマン『思弁的実在論入門』上尾真道・森元斎訳、人文書院、二〇二〇年、一五四頁〕.
(37) Harman, *Prince of Networks, op. cit.*, p. 135.
(38) Cf. *ibid.*, p. 162.

以上のふたつのファイアウォールに、さらにもうひとつのタイプを付け加えることにしたい。これは、ハーマンが近年の美学理論のなかで論じているものである。ハーマン自身は、これをファイアウォールとしては語っていないが、実質的にその働きをしていると言える。それは、「ローカルな関係の場を取り囲むファイアウォール」と呼びうるようなものだ。たとえば、わたしが芸術作品を鑑賞する場合を考えよう。このとき、わたし（実在的対象）は、作品の「感覚的対象」(sensual object) と関係する、と言われる。実在的対象としての作品そのものは、ファイアウォールによってわたしから隔てられているので、わたしは、作品そのものの代替物である、ある種のイメージ（感覚的対象）に対面することになる。そして、この対面は、「わたし（実在的対象）＋作品（実在的対象）」というひとつの新たな実在的対象の内部で生じるのだと言われる。この実在的対象は、ある種の場であって、わたしはその場のなかで感覚的対象としての作品に対面するのである。重要なのは、この関係の場自体がひとつの自立した実在的対象であり、他の対象との関係から切り離されている、という点だ。[39] わたしは、ネットワークから切り離されたこのローカルな場のなかで、作品（感覚的対象）と対面する。これは、ラトゥールがローカルな関係を閉じさせずに、それを広大な関係性のネットワークに置き入れようとするのとは対照的である。ラトゥールは、対面的な相互作用がつねに他のエージェンシーに干渉されている様を描き出し、対面の場を分散させようと試みている。[40] だがハーマンからすれば、関係の場はファイアウォールによって取り囲まれ、そこから広がる広大なネットワークから遮断されているのだ。

さて、ここまで確認してきたように、ハーマンは対象を関係から徹底的に遮断させる。〈非関係主義的なOOO〉vs.〈関係主義的なANT＋有機体の哲学〉。ハーマンは、変化の説明という点に関して、前者に理論的優位があると主張する。もし存在者が関係によって規定されるとすると、存在者はその関係によってガチガチに縛られ、そこから動けなくなってしまう。そこに新たな変化が生じる余地はない、とハーマンは考える。それゆえ、変化が生じるためには、関係から隔離された余剰が必要なのだ。ANTにおけるシンデレラとチャーミング王子は、たがいに効果をもたらしあい、フィードバックを受けて自らをつくりあげている。この関係が完成してしまえば、そこに劇的な変化の余地はないだろう[41]。他方で、OOOがモデルとするのは、倉庫のなかでたがいに隔離された爆薬だ。それらがあるときとつぜん相互作用することによって、大爆発が引き起こされる[42]。

---

(39) Cf. Harman, "Aestheticizing the Literal," op. cit., p. 69.

(40) Cf. Latour, *Reassembling the Social, op. cit.*, pp. 198-199〔ラトゥール『社会的なものを組み直す』前掲書、三八一－三八二頁〕.

(41) ラトゥールは「プラズマ」(plasma) 概念において、例外的にネットワークから離脱したものを認めている、とハーマンは指摘している (Cf. *Prince of Networks, op. cit.*, pp. 132-134)。

(42) Graham Harman, "Response to Shaviro," in Levi Bryant, Nick Srnicek and Graham Harman (eds.), *The Speculative Turn: Continental Materialism and Realism*, Melbourne: re.press, 2011, p. 301.

4　さらなる非ネットワーク的外部へ——破壊の形而上学

まとめよう。ハーマンは、〈アクター＋現実的存在〉に共通する〈存在者のフラット性〉を肯定的にとらえる。しかし、もう一方の共通点である〈存在者のネットワーク性〉には反発し、この二重連星から飛び去っていく。そして、非関係的な実在的対象へと向かう。それはいわばブラックホールであり、事象の地平面の彼方に引きこもる非ネットワーク的な外部だ。

ここからは、この非ネットワーク的外部の強度をさらに高める方向へ飛び去ることを試みよう。ハーマンが見いだした非ネットワーク的外部とは、いわば〈内なる外部〉である。関係性のネットワークがいたるところでファイアウォールによって切断され、無限の深みを抱えた対象が点々と存在する宇宙。それは、内部のいたるところに架橋不可能な深い穴が穿たれた宇宙だ。これに対して、本書は〈外なる外部〉を提示する。それは、時間的に到来する。この宇宙そのものが、あるとき突然まったく他なるものになってしまうのだ。こうした〈外なる外部〉の到来は、ラトゥール、ホワイトヘッド、ハーマンが一致して認めていた〈存在者のフラット性〉さえも吹き飛ばしうる。たとえば、フラットに括ることのできない、未知のタイプのなにかがあふれ出す宇宙になってしまうかもしれない。それは、ハーマンが考える劇的な変化よりも、さらに劇的なものだ。OOOにおける変化は、どれほど劇的なものであったとしても、OOOが表現する形而上学的構造に従ったものであり、その構造そのものを覆すことはない。だが、〈外なる外部〉の到来は、そうした構造さえも転覆させ、その構造からはみ出るようなまったく新しいなにかを生み出しうるのだ。それは、真の創発と言っても良いような出来事であるだろう――しかし、いったいどのようにしてそのようなものが到来するのか。

ここで、カンタン・メイヤスーの「絶対的偶然性」(contingence absolue) の概念を参照することにしたい。この概念の重力を利用して、本章の目的地へと一気に向かうことにしよう。この概念は、有名な天体がそうであるように、複数の呼び名を持つ。「事実論性」(factualité)、「非理由律」(principe d'irraison)、「別様である可能性」(pouvoir-être-autre)、「デカルトの神に匹敵する全能性」(Toute-Puissance égale à celle du Dieu cartésien)、「ハイパーカオス」(hyper-Chaos)、「あらゆるものを破壊しうる時間」(time that can destroy everything) などである。[43] メイヤスーの偶然性概念は、哲学史上もっともラディカルな偶然性を表現したものだと言っても良いほどのものだ。それは、「いま現に存在するものが偶然的である」ということだけを意味しているのではない。「世界は偶然的に存在し、必然的な根拠を欠いている」という主張であれば、すでにさまざまな哲学者がしているだろう。メイヤスーはここに、さらにラディカルな主張を付け足している。あらゆるものは理由なく存在する――そしてそれゆえに、理由なく別様になりうる。[44] メイヤスーの偶然性概念は、このように〈存在

(43) 最初の四つの表現については、つぎのものを参照。Quentin Meillassoux, *Après la finitude: Essai sur la nécessité de la contingence*, Paris: Seuil, 2006〔カンタン・メイヤスー『有限性の後で――偶然性の必然性についての試論』千葉雅也・大橋完太郎・星野太訳、人文書院、二〇一六年〕. 最後の表現については、つぎのものを参照。Quentin Meillassoux and Florian Hecker, *Speculative Solution: Quentin Meillassoux and Florian Hecker Talk Hyperchaos*, https://www.urbanomic.com/wp-content/uploads/2015/06/Urbanomic_Document_UFD001.pdf.

の偶然性＋偶然的な生成可能性〉という特徴を持っている。あらゆるものは理由なく存在し、それゆえにとつじょ理由なく別様になってしまうかもしれない。メイヤスーにとって偶然性とは、現に存在するあらゆるものに破壊をもたらし、それらをまったく別のあり方に変貌させうるような時間性なのである。それは〈あらゆるものを破壊しうる時間〉なのだ。

この破壊における射程の広さも、絶対的偶然性の特徴である。文字どおりに「あらゆるもの」が破壊されうるのだ。メイヤスーは、個々の事物だけでなく、世界そのもの、さらには自然法則や論理法則[45]、形而上学的な構造[46]でさえも別様になりうる、と考える。このように、絶対的偶然性とは、いかなるものでもとつじょ理由なく破壊し、思考不可能でさえある未知の世界を到来させうるカオス的な力なのである。

しかし、メイヤスー自身は、この途方もない力を制限する方向へ向かっていく。「カオスの全能性の自己正常化」(autonormalisation de la toute-puissance du Chaos)[47]と呼ばれる方向性だ。メイヤスーは、自らが呼び出したモンスターの力に恐れおののき、それに拘束具を取り付ける。そして、拘束具によって制御された絶対的偶然性を、「思弁的唯物論」(matérialisme spéculatif)と呼ばれる自らのプログラムを推進するための動力として利用する。このプログラムは、「相関主義」(corrélationisme)に抗して、数学的に記述可能な即自を導出しよう、というものだ。このプログラムの一部が展開されたメイヤスーの主著『有限性の後で』は、相関主義を乗り越えるというモチベーションが共感を呼び、「思弁的実在論」(speculative realism)という思想潮流を生み出すきっかけとなった。しかし、いまやこの潮流は過去のものとなっている。いまこそ、ふたたび『有限性の後で』に戻るときではないだろうか。そして、拘束具をはめられたまま、そこに幽閉されている絶対的偶然性を解放してやるべきではないのか。拘束具を取り外し、相関主義の乗り越えというプログラムから、絶対的偶然性を解き放ってやるのだ。この解き放たれた絶対的偶然性を、「破壊性」(destructivity) と呼ぶことにしよう。破壊性を追いかけるという新たな哲学的プログラムが、「破壊の形而上学」だ。(48)

さて、本節冒頭の議論に戻ろう。いかにして〈外なる外部〉は到来するのか。これが、そこでの問いであった。その答えは、「破壊性の発動によって」ということになる。破壊性は、この世界にとつじょ理由なく破壊をもたらし、まったく未知の世界をもたらしうる。破壊性の発動によって存在者のフラット性が崩壊し、思考不可能ななにかで満ちあふれた世界さえも到来しうるだろう。

ここで重要なのは、破壊性の力強さの本質がむしろ〈力のなさ〉にある、という点だ。ANT、有機体の哲学、OOOは、ある意味で力の形而上学である。フラットな存在者が、この世界のなかでなんらかの力を振るうということが、堅固な形而上学的構造によって保証されている(アクターは翻訳をし、現実的存在は抱握をし、実在的対象は深みを噴出させる)。他方で、破壊の形而上学は〈力のな

(44) Cf. Meillassoux, *Après la finitude*, *op. cit.*, p. 85〔メイヤスー『有限性の後で』前掲書、九四頁〕.
(45) Cf. *ibid.*〔同書〕.
(46) Cf. Quentin Meillassoux, *Time without becoming*, Anna Longo (ed.), Mimesis international, 2014, pp. 25-27.
(47) Cf. Meillassoux, *Après la finitude*, *op. cit.*, p. 102〔メイヤスー『有限性の後で』前掲書、一一三頁〕.
(48) 破壊の形而上学については、つぎのものを参照。飯盛元章「破壊の形而上学へ」、寺本剛編著『リアリティの哲学』中央大学出版部、二〇二三年。

さ〉の形而上学である。形而上学的構造を含めて、あらゆるものが自らの現在の状態を必然的なものとして維持する力を欠いているのだ。まさにそれゆえに、あらゆるものはとつじょまったく別様になってしまうかもしれないのである。破壊性は、維持することの〈できなさ〉だけを表現した消極的な概念だ。メイヤスーは、哲学が取り組むべき問題は「である」(être / be)ではなく、「かもしれない」(peut-être / maybe)だ、と述べている[49]。破壊の形而上学は、どのようであるかという積極的な構造を提示して、あらゆるものをそれへと還元することを目指した理論ではない。たんにあらゆるものの偶然性を示し、それらが別様になってしまうかもしれないという消極的な主張をしているにすぎない。ここには、ラトゥールが求めていた非還元性がある(本章第1節)。破壊の形而上学は、ラトゥール以上に、非還元性を追求した立場だと言えるだろう。かもしれないを追え。

(49) Cf. Meillassoux, *Time without becoming*, op. cit., p. 27.

note　破壊の形而上学　基本テーゼ（ver. 0.91）

一　**破壊**とは、通時的な連続性を引き裂く断絶である。

一・一　破壊がもたらすのは、現在と断絶した他なる未来である。

一・一・一　破壊は、望ましくない未来をもたらすことも、望ましい未来をもたらすこともある。無秩序をもたらすことも、他なる秩序をもたらすこともある。

一・一・二　ギリシア語「カタストロフェ」は帰結の良し悪しを問わないという点を想起せよ。

一・二　破壊とは、それ自体において到来しうる受動的な出来事である。

一・二・一　破壊は、破壊する主体と破壊される対象の二項を必要としない。破壊は、一項で完結する出来事である。

一・二・二　あるものがただそれ自体において、とつじょ別様になってしまう。そうした出来事に襲われること。それが破壊である。

一・三　破壊とは、あらゆる存在に到来しうるものである。

一・三・一　個々の人間や事物、世界、自然法則、論理法則、形而上学的構造など、あらゆる存在に破壊が到来しうる。

一・四　破壊には、さまざまな強度がある。

一・四・一　同一性・連続性を保持した弱い破壊もあれば、現在からはまったく想像不可能なあり様へと変貌させる強い破壊もある。

一・五　日常語の「破壊」は、以上の一般的・形而上学的な意味における破壊の特殊事例である。

一・五・一　破壊の思弁に踏み入る者は、日常的な「破壊」概念を破壊しなければならない。

二　**破壊の形而上学**とは、破壊を一般的な意味でとらえたうえで、その強度を最大化する方向へと向かう思弁である。

二・一　**破壊性**（destructivity）と**常態性**（regularity）が破壊の形而上学における根本概念である。

二・一・一　破壊性とは、あらゆる存在に浸透する破壊の可能性である。

二・一・一・一　破壊性が発動するとき、そこに劇的な変化がもたらされる。

二・一・一・二　破壊性は、形而上学的な実体・原理・力ではない。それはむしろ〈**力のなさ**〉である。

二・一・一・三　あらゆる存在はたまたま現にあるような仕方で存在している。たまたまであるがゆえに、それはいつでも別様になりうる。そこには、現在の状態を必然的なものとして維持する力が欠けているのである。維持することのできなさ、力の不在。それが破壊性である。破壊の力とは、〈力のなさ〉である。

二・一・一・四　破壊性が「可能性」概念を前提するのではない。むしろ、可能性は破壊性から派生する。破壊性から広がるものを、無時間的・空間的に表象したものが可能性である。

二・一・二　常態性とは、変化の不在であり、状態の安定的同一性である。

二・一・二・一　あらゆる存在の常態性に、破壊性が絡みつく。その発動によって、常態性は引き裂かれ、非常態的・破壊的な出来事が到来する。

二・一・三　破壊の形而上学（metaphysics of destruction）は**MOD**《モッド》という略号によって名指される。

二・一・三・一　MOD（破壊の形而上学）が追求するのは、この現実世界そのものにMOD（改造データ）が導入され、まったく別様になってしまう可能性である。

二・一・四　MODは、一般破壊論と特殊破壊論という下位分野から成り立つ。

二・二　**一般破壊論**とは、破壊性の一般的特徴を描き出す試みである。

二・二・一　**破壊の四象限**を創造すること。

二・二・一・一　「現象的／実在的」の対と「理由的／非理由的」の対を掛け合わせることによって、四つのタイプの破壊を考えることができる。

二・二・一・二　現象的・理由的破壊は、わたしの現象世界にもたらされる、理由ありの破壊である。たとえば、この世界がじつはより高次の世界のコンピュータによってつくりだされたシミュレーションであった、ということが発覚した場合などである。

二・二・一・三　実在的・理由的破壊は、実在世界にもたらされる、理由ありの破壊である。たとえば、宇宙空間からひとかけらのストレンジレットが地球に降ってきて、地球を構成するすべての粒子がつぎつぎとストレンジレットに変化してしまう場合などである。

二・二・一・四　MODが追求すべき最大強度の破壊は、実在的・非理由的破壊として到来する。

二・二・一・五　破壊性が発動するとき、さまざまなタイプの破壊が到来しうる。破壊の四象限のどこに属するか、破壊がもたらされる対象はなにか、通時的断絶の度合いはどれくらいか。これらの問いによって、到来する破壊を分類することができる。破壊性は、これらすべてのタイプの破壊をもたらしうる。

二・二・二　最大強度の破壊とは、いかなる理由もなしに不意に到来し、実在世界そのものを激変させ、まったく想像不可能な未来をもたらすものである。実在的・非理由的破壊。

二・二・二・一　たとえば、とつじょ到来する論理法則の崩壊は、最大強度の破壊の一事例である。そのとき、猫が猫であると同時に非猫である思考不可能な世界が到来するだろう。

二・二・二・二　あらゆる構造の破壊。それを構造の破壊の構造なしに描くこと。

二・二・二・三　破壊の四象限を破壊すること。

二・二・三・一　破壊性が、破壊の四象限システムを破壊するような仕方で発動することもありうるだろう。わたしたちには、まったく思考不可能な破壊の到来。

二・二・三・二　破壊は、どのように整理されたとしても、つねにそれをぶち壊すような仕方で到来しうる。

二・二・三・三　破壊とは、手に余るものそのものである。破壊は、それを包み込もうとする手を最終的に振り払い、どこかに行ってしまう。

二・二・三・四　したがって、破壊の四象限は最終的に破棄されなければならない。

二・三　**特殊破壊論**とは、破壊性の特殊な効果について思弁する試みである。

二・三・一　特殊破壊論の標語——**かもしれないを追え**。

二・三・一・一　カンタン・メイヤスーは、哲学が取り組むべき問題は「である」(être / be)ではなく、「かもしれない」(peut-être / maybe)だと述べる。「〜である」という必然的な構造を示すのではなく、「〜かもしれない」という偶然性を示すこと。MODは、この理念に共鳴する。

二・三・一・二　ブリュノ・ラトゥールらのアクターネットワーク理論は、「アクターを追え」(follow the actors) を標語に掲げる。この世界で現に働いているアクターの連鎖を追いかけろ、と彼らは言う。

二・三・一・三　特殊破壊論は、破壊性の発動によってもたらされうる特殊な効果について思弁する。かもしれないを追え。

二・三・二　破壊性の発動によって**〈神なしワンチャン救済〉**ないし**〈神なしワンチャン破滅〉**がもたらされるかもしれない。

二・三・二・一　破壊性の発動によって、とつじょいかなる理由もなく、まったく想像不可能な圧倒的救済が到来するかもしれないし、あるいは圧倒的破滅が到来するかもしれない。そこに神の働きは必要ない。いかなる原因もなしに、たんにそうなるのである。

二・三・二・二　〈神なしワンチャン救済〉の例。社会における閉塞状況が、人間たちによる主体的な努力とはまったく無関係に、とつじょ想像を超えた仕方で打破されるかもしれない。状況それ自体が非理由的な仕方で勝手に変様し、あらゆる問題が解消された圧倒的ユートピアが到来するかもしれない。

二・三・二・三　〈神なしワンチャン破滅〉の例。身体構造がとつじょ変様し、だれも経験したことのない想像不可能な「痛み」が駆け巡る世界になるかもしれない。圧倒的地獄がとつじょ到来するかもしれない。

二・三・三　特殊破壊論の下位分野として**破壊の未来学**と**破壊の考古学**がある。

二・三・三・一　強度の高い破壊は、まったく別様な世界をもたらしうる。現在の痕跡がまったく残らないほどに断絶した未来の到来。到来したとしても、たんに「元々そうであった」ということになってしまうような未来世界の到来。そうした断絶的未来について思弁する試みが、破壊の未来学である。

二・三・三・二　現在の世界のうちにまったくその痕跡がないが、もしかしたらまったく別様な先行世界が存在していたのかもしれない。痕跡のなさがその痕跡となっているような、破壊によってすっぽりと消え去った過去。そうした過去を思弁によって発掘し、過去の形而上学的大厄災について調査する試みが、破壊の考古学である。

二・三・四　ＭＯＤは、形而上学的構造にさえも到来しうる破壊について思弁する形而上学である。

二・三・四・一　一般に形而上学は、この世界の必然的な根本構造を提示する。ＭＯＤは、それが破壊され、まったく別様になる可能性を提示する。形而上学のカタストロフを語る形而上学。

二・三・四・二　たとえば、物質と精神の二属性から成るという形而上学的構造が破壊され、七七九個の属性から成る世界が到来するかもしれない。

二・三・四・三　破壊性は、いかなる構造をも過ぎ去らせうる〈時間〉である。

二・三・四・四　一般に形而上学は、垂直的断絶（深層と表層の差異）を提示する。破壊の到来はこれを水平的・通時的に押し流し、断絶的な仕方で過去化する。

二・三・四・五　この世界の最下層に秘密のXを探しに行く形而上学ではなく、この世界そのものが〈時間〉をつうじてまるごと未知のXへと変貌してしまう可能性を思弁する形而上学へ。

第8章　ディグ的、あるいはスイングバイ的読解

哲学的テクストを、先人たちとは異なる方向へ掘り進めるような仕方で読解すること。あるいは、宇宙船のスイングバイのように、哲学的概念の重力を利用して、まったく未知の方向へ一気に飛び去るように読解すること。こうした試みをつうじてこそ、新たな哲学への冒険が可能になる。

本章は、わたしがこれまでそのような仕方で試みてきた読解の記録である。読解作業は、まずテクストの内容をコンパクトに整理することからはじまる。そしてそのうえで、新たな方向性を模索する。このふたつの契機が必要になる。発掘《ディグ》の比喩で言えば〈掘り起こし〉と〈掘り進め〉、スイングバイの比喩で言えば〈引き込まれ〉と〈飛び去り〉が必要だ。ディグ的、あるいはスイングバイ的読解へ。

1　永井均『私・今・そして神――開闢の哲学』

この世界は、じつは五分前にできたのかもしれない。

いや、そんなことはない、と思うだろう。ツイッターのタイムラインには、一〇分前につぶやかれたツイートが残っているし、ニュースアプリを遡れば、数日前の出来事を伝える記事を目にすることができる。宇宙背景放射と呼ばれる電波は、一三七億年前の宇宙の名残りらしい。このように、この世界が五分前よりもはるか昔から存在しつづけてきたことの証拠は、いたるところに存在している。

でも、それらすべてがまるごと五分前にできたとしたらどうだろうか。世界は、あたかもはるか昔から存在してきたかのような顔をして、じつは五分前に誕生したのである。

これは、ラッセルに由来する「五分前世界創造説」と呼ばれる思考実験だ。永井均『私・今・そして神――開闢の哲学』は、こうした魅力的な思考実験をつぎつぎと積み重ねながら、〈私〉の存在の謎に迫っていく本格的な哲学書である。本節は、この本をあらためて読み直すことを試みる。具体的な内容に入るまえに、まず「哲学書はどのように読まれるべきか」ということについて考えてみたい。永井はこの点にかんして、つぎのような提案をしている。

〔…〕哲学を志す若い人にちょっとした提案をしたい。先生筋の模範演奏からではなく、古典的名演奏から直接に何かを学び、しかし崇め奉るのではなく、それらを直接勝手に使って、自分自身の哲学をやったらどうか、ということである。たとえばプラトンやアリストテレスを「研究」するのではなく〔…〕、彼らの仕事を勝手に使って、そこから直接問題そのものを考えたらどうか。[1]

テクストを読んで、それをただ崇め奉るだけでは、哲学をしたことにはならない。そうした「研究」は、たんなる熱狂的な紹介でしかないだろう。哲学をするとは、テクストを自ら読み込んで、それを足場にして自分自身の哲学的問題を大胆に展開させることである。永井は、こうした意味での哲学をせよ、と言っているのだ。

本節において、私は永井の本をそのように読むつもりである。そのように読むことだけが、永井に対する正当なリスペクトになりうるからだ。

これから本節で試みるのは、いわば「ディグ的読解」である。[2] この読解は、ふたつの契機から成る。ひとつ目は、「掘り起こし」である。考古学者のように慎重に掘り起こす作業。テクストという遺跡を発掘し、復元する作業だ。ふたつ目は、「掘り進め」である。テクストによって示された

(1) 永井均『私・今・そして神――開闢の哲学』講談社現代新書、二〇〇四年、八頁。
(2) 本節は、『群像』の連載「DIG 現代新書クラシックス」のひとつとして書かれた論稿が元になっている。講談社現代新書をディグり（掘り起こし）、各回の論者の観点から自由に思考を掘り進める、というのがおそらくこの連載の意図である。

思考とはべつの仕方で掘り進む作業だ。これは、「直接勝手に使って、自分自身の哲学をやったらどうか」という先ほどの永井の提案に相当する段階である。

1-1 「開闢の哲学」を掘り起こす

まずは「掘り起こし」。

本書で提示されるのは、サブタイトルにある「開闢の哲学」である。その全体像を掘り起こすことにしよう。「開闢の哲学」を形づくる中心概念は、三つある。「開闢」、「ライプニッツ原理」、「カント原理」である。

「開闢」とは、世界が〈私〉という特異点から開かれている、という事実を意味する。この世界にはたくさんの人間が存在し、時間軸上には無数の時点が存在する。だが、なぜか他でもないこの〈私〉、この〈今〉から世界が開かれている。この端的な事実を、永井は「開闢」と呼ぶ。

このような開闢をもたらすものが、「ライプニッツ原理」である。ライプニッツのうちには、神が無数の可能性のなかからあるものを選択して現実性を付与する、という発想がある。この一点のみを「直接勝手に使って」、永井自身の哲学を支えるものに作り変えたものが、ライプニッツ原理である（「充足理由律」や「最善観」、「不可識別者同一の原理」といったライプニッツのその他の有名な概念は、ばっさりと切り捨てられることになる）。

永井にしたがえば、神は〈私〉の着脱能力を持つ。ロボットを〈私〉にしたり、飯盛元章を〈私〉ではないものにすることができるのだ。ここで重要なのは、開闢は内容と独立である、という点だ。神は、性質的な内容をまったく変えることなしに、開闢だけを変化させることができる。たとえば、飯盛元章の外見や性格、内的な精神状態、記憶などはなにひとつ変えることなく、そこから開闢だけを奪うことができるのだ。この変化は、私からすれば死以外のなにものでもないだろう。他方で、私以外の人間たちや、ペットの猫からすれば、そこにはいかなる変化も生じていないことになる。このような変化をもたらすものが、ライプニッツ原理である。それは、神の意志というたんなる偶然によって開闢が決定される、ということを表現している。

「カント原理」に移ろう。永井は、カントの洞察をつぎのように説明する。私は、意識にあたえられた多様なものを、私の側が付与する条件(因果性など)によってまとめ上げ、客観的世界を構成する。そしてそれと同時に、私は自分自身を、この構成された世界の内部に位置づけるのである。つまり、開闢が開闢された世界の内部に位置づけられ、その条件に従うようになるのだ。こうした事態をもたらすものがカント原理である。

カント原理は、私や世界の変化にかんして、一定の条件を課す。どんなものも、主体によって構成された客観的世界の内部に浸透する条件を破ることはできない。私も世界も、因果律を打ち破って内容的にまったくつながりをもたないものへと変化することはできないのだ。他方で、ライプニッツ原理にしたがえば、ある程度カオス的な変化が可能になる。自然法則が崩壊した世界であれ、記憶や人格が激変した私であれ、そうしたものがとつじょ現実化されたならば、それが現実世界であり、私である。永井はつぎのように述べている。

二つの原理が対立している。何が起ころうとそれが起こるのは現実世界だ、という原理と、起こることの内容的なつながりによって何が現実であるかが決まる、という原理だ。この対立は、何が経験されようと経験するのはつねに私だ、という原理と、経験されることの内容的なつながりによってどれが私であるかが決まる、という原理との対立に、並行的である。現実の場合も私の場合も、前者をライプニッツ原理、後者をカント原理と呼ぼう(3)。

1-2 「開闢の哲学」とはべつの仕方で掘り進む

ディグ的読解の第二段階「掘り進め」に移ろう。ここからは、「開闢の哲学」とはべつの仕方で掘り進んでいく。

先ほど確認したとおり、ライプニッツ原理は、どんな世界や私でも現実化することができた。いかなる内容をともなうものであれ開闢したならば、それが現実世界であり、私である。ここにはかなり強力な全能性があるように思われる。

しかし永井は、神とは「われわれに理解できる全能者」だと述べる。つまり、それは「何でもできるのだが、何をやっているのかわれわれに理解できないようなことができるのではなく、やっていることの意味がわれわれにも理解できるようなことが何でもできるような全能者、である」(五三頁)。永井のライプニッツ原理において、神の全能性は、あくまでもわれわれの理解力と結びついている。以下では、この結びつきを引き裂き、神の全能性の強度をより高める方向へと進んでいくことにしたい。

ここで新たに「デカルト原理」というものを導入しよう。永井自身も、一度だけデカルト原理を導入しかけている。[4] 永井は、カント的に可能なもの（たとえば、因果律を破っていないようなもの）のなかからあるものを現実化する弱いライプニッツ原理と、もっと広い可能性のなかから現実化する強いライプニッツ原理とに分け、後者をデカルト原理と呼んでいる。しかし、じっさいのデカルトに即して考えれば、デカルト原理は、ライプニッツ原理以上に広い可能性を提供することができる。

デカルトは、神の全能性をひじょうに強くとらえた。神は矛盾律でさえも無視して、矛盾した事態を現実化することができる、と言うのだ。[5] つまり、われわれにはなにが起きたのかをまったく理解できないようなことでさえも現実化することができるのだ。提供される可能性が狭い原理から並べれば、つぎのようになる。

カント原理　（因果律を打ち破れない）

＞

ライプニッツ原理　（自然法則が崩壊した世界を現実化できる）

＞

デカルト原理　（矛盾律が崩壊した世界を現実化できる）

（3）永井『私・今・そして神』前掲書、一〇五頁。

（4）同書、一二七頁参照。

デカルトの神は、たとえば火星が存在すると同時に存在しないような矛盾した世界を現実化することができる。デカルトの神の全能性が有するこうした強さに着目した現代の哲学者に、カンタン・メイヤスーがいる。彼は、世界そのもののうちに絶対的な偶然性を見いだしているが、それをデカルトの神の全能性に重ね合わせて論じている。[6] ただし、メイヤスーの世界観では、絶対者としての神は存在しない。神から切り離された最大強度の全能性（いかようにもなりうるということ）だけが、あらゆるものに浸透しているのだ。この全能性の力によって、あらゆるものはつぎの瞬間に理解することさえ不可能なあり様へと変化しうるのである。こうした最大強度の全能性を全面的に肯定する原理を、「デカルト＝メイヤスー原理」とあらためて呼び直しておくことにしよう。

ところでメイヤスーにしたがえば、この全能性によって突き崩されるのは、自然法則や矛盾律だけではない。形而上学が必然的なものとして提示する構造も、突き崩されうるのだ。永井の「開闢の哲学」は、〈私〉という唯一の特異点から世界が開闢するという構造を必然的なものとして提示している。「開闢の哲学」にとって、開闢がまさにこの特異点に結び付けられているということは偶然的だが、開闢のある種の構造自体は必然的なのである。しかし、デカルト＝メイヤスー原理にしたがえば、この開闢構造そのものも破壊され、別様になりうる。

たとえば、つぎの瞬間に飯盛元章と永井均の両方が〈私〉となり、そこから開かれた世界が現実化するかもしれない。二人が同時に端的な〈私〉となるのだ。これは、二人の人間がそれぞれの視点から世界を内的にとらえているという事態でもなければ、二人の視点からとらえられた世界をひとつの〈私〉が統一的に見ているという事態でもない。端的な開闢がふたつある、という事態だ。それは、現に成立している開闢構造を越え出た、まったく理解不可能な事態である。

デカルト＝メイヤスー原理は、こうした可能性から成るより広い空間のうちに、「開闢の哲学」が提示する構造そのものを投げ入れるのだ。

2　永井均『遺稿焼却問題』

本書『遺稿焼却問題』は、哲学者・永井均のツイートをまとめたものである。

多くの本は、(当たり前だが) 読者に向けて書かれている。著者は、読者が進むルートを丹念に整備する。読者が知らなそうな概念や事柄について説明したり、議論のつながりに飛躍がないように調整したりする。ゲームのプログラミングに近いかもしれない。その結果、多くの本は、滞りなく

(5) 一六四四年五月二日のメラン宛書簡を参照。Cf. René Descartes, *Correspondance IV Juillet 1643 - Avril 1647*, in Charles Adam & Paul Tannery (eds.), *OEuvres de Descartes*, vol. IV, Paris: J. Vrin, 1976, p. 24〔ルネ・デカルト『デカルト全書簡集』第六巻、倉田隆・山田弘明・久保田進一・クレール・フォヴェルグ訳、知泉書館、二〇一五年、一五六－一五七頁〕.

(6) Cf. Quentin Meillassoux, *Après la finitude: Essai sur la nécessité de la contingence*, Paris: Seuil, 2006, p. 100〔カンタン・メイヤスー『有限性の後で――偶然性の必然性についての試論』千葉雅也・大橋完太郎・星野太訳、人文書院、二〇一六年、一一一頁〕.

プレイできるゲーム空間のようになっている。それは、「あなた」という主人公がやってくるのを待ち構えた空間だ。

だが、本書はそうしたものとは異なる。本書がつくりだす空間は、常連客が集うバーのようだ。マスター（永井）と常連客（永井のフォロワー）とのあいだで繰り広げられるハイコンテクストな会話。今夜はじめてこのバーにやってきた「あなた」は、隅の席でその会話に聞き耳を立てる。「あなた」のために語られているわけではないその言葉を、完全に理解することはできないだろう。わかるところに対してだけ、こっそりと相槌を打ち、繰り広げられる会話になんとかついていく。そんな感じだ。

とはいえ、しばらく読み進めると、問題となっている事柄がなんとなくわかってきたような感覚になる。はじめて入ったバーも、二度、三度と通いつづけると、徐々に顔なじみになっていくのとおなじだ。バーに通い詰めるような感覚で読み進めていくと、少しずつ議論の中身が理解できるようになっていく。この感覚が、本書のおもしろいところである。一章を読み終えるころには、常連客との距離も縮まり、少しだけ議論に交ざることが可能になっているはずだ。

本書のトピックをふたつだけ紹介しよう。

まずは「遺稿焼却問題」について。これは、わたしの理解した限りで言えば、言語化することによって必然的に変質してしまうような事柄をそれでも書き残すのか、あるいはまるごと焼却してしまうのか、という問題である。もっとも純粋な事柄を徹底して隠すのかどうか、という問題だ。アイドルの引退、メールを返さないことなどに同型の構造が読み取られる。さらに、エピクロスの言葉「隠れて生きよ」にも通じるのだと述べられる。しかし、エピクロスは、そのような有名な言葉を残すことによって、隠れることに失敗してしまったのだと言える。永井は、そうした矛盾を犯してまでも、それでも語らざるを得ないなにかがある、という点に着目する。

もうひとつ、「超越論的冗談可能性」について。言語は、まじめな語りではなく、むしろ嘘をついたり、演技をしたり、冗談を言ったりする可能性によってこそ支えられている。これが、超越論的冗談可能性である。あらゆる発言に、「なーんちゃって」というさらなる付加的な発言による冗談化の可能性が張り付いているのである。(7)

わたしは、永井自身の議論を離れて、ここからつぎのように考えてみたい。超越論的冗談可能性は、言語を超えて、世界そのものにも張り付いているのではないか。たとえば科学者は、自然物が「まじめに」振る舞っていると考えている。しかし、突然「なーんちゃって」とまったく別様な振る舞いをしだすかもしれない。これまで科学者に示されてきた自然法則は、すべて冗談だったのである。存在論化された超越論的冗談可能性へ。

(7) 永井均『〈魂〉に対する態度』勁草書房、一九九一年、一四四頁参照。

3　マーク・フィッシャー『ポスト資本主義の欲望』

さわやかな読書体験であった。難解な理論書を読んで、このように感じることは滅多にない。本書『ポスト資本主義の欲望』は、マーク・フィッシャーの講義音声を文字に起こしたものである。その作業をおこなった原書の編者と、それをさらに日本語へ翻訳した訳者の素晴らしい仕事のおかげで、読者はフィッシャーの講義をじっさいに受講しているかのような感覚を得ることができる。ひじょうに没入感のある本だ。講義は演習形式でおこなわれている。フィッシャーと学生たちによる熱のこもったやり取りが展開され、読者はおなじ場を共有しながら、おなじ問題について考えているかのような感覚になる。

講義の雰囲気が伝わる描写をふたつ紹介したい。ひとつ目は、発表担当の学生がルカーチのテクストをなんとか要約しようとするが、難解すぎてうまくいかない、という場面だ。フィッシャーは、その学生に対して「気にしない、気にしない。難しいですよね。本当に難しい」と語りかけ、バトンを引き継ぐ。そして、もっと基本的な論点から語りなおしていく。フィッシャーの教育者としての人柄が伝わる箇所だ。

ふたつ目は、リオタールの議論を読解するなかで、学生がリオタールのテクストの英訳版に付されている用語集を参照し、それを読み上げる場面である。リオタール自身の議論に劣らず、用語集自体もひじょうに難解であるため、教室は一瞬沈黙で凍りつく。そこで、フィッシャーが「そういうことです」と一言。そして、教室が笑いに包まれる、という流れ。テクストの難解さへ立ち向かう者どうしのある種の連帯が感じられる箇所だ。

本書の中心テーマについて確認しておこう。本書第1講は、全体のイントロダクションとなっている。フィッシャーはそこで学生たちに、保守派の元議員ルイーズ・メンシュが二〇一一年に出演したテレビ番組の映像を見せる。番組のテーマは、ロンドンで起きた、反格差を訴えるオキュパイ運動にかんするものであった。メンシュは、抗議者たちがiPhoneを持ち、スターバックスに行く、という点を揶揄する。そんな連中が、本当の意味での反資本主義者であるはずがない、と言うのだ。フィッシャーは、ここにこそ本講義「ポスト資本主義の欲望」の中心的な問いがあるのだと言う。資本主義を超えたなにかに対する欲望は、実際のところ存在するのか――これが本講義の中心的な問いである。オキュパイ運動の抗議者たちは、実際のところ資本主義的な商品を欲望しており、ポスト資本主義など求めていないのかもしれない。欲望は資本主義の内部でのみ働くのであって、資本主義を超えたなにかを欲望することはできないのではないか。あるいは、そもそも資本主義を超えたなにかを想像することさえ不可能なのではないか。

こうした一連の問いは、フィッシャーの中心概念である「資本主義リアリズム」と密接にかかわっている。資本主義リアリズムとは、資本主義こそが現実的な選択肢であり、その代替物を想像することさえ不可能だ、という意識が蔓延した状態を指す。フィッシャーは、『資本主義リアリズム』のなかで、資本主義の外部を目指すことがいかに困難であるかを示すために、カート・コバーンを例に挙げている。コバーンのMTV批判は、MTVの視聴率アップに貢献してしまう。資本主義とは、このように自らに対する批判さえも飲み込み、それを自らの内部で機能させてしまう怪物のようなものだ。そんなものの外部へ、いったいどのようにして出ていったら良いのだろうか。格差や抑圧など、その問題点ははっきりとしているにもかかわらず、外部へ抜け出すことが困難なもの。それが資本主義だ。ポスト資本主義への転換は可能か。フィッシャーは、この中心的な問いに対して肯定と否定の両方の態度を取りながら講義をすすめていく。もっとも楽観的な態度は第4講のカウンターカルチャーの考察において、そして、もっとも悲観的な態度は第5講のリオタールの考察において現われている。

さて、ここからは、もしわたしがこの講義を履修していたとしたら提出したかもしれない架空のレポートについて語ってみたい。要するに、わたし自身による発展的な考察である。ちなみに、もし本当にわたしがこの講義を履修していたとしても、フィッシャーにレポートを提出することは叶わなかっただろう。なぜなら、彼は五回までの講義をした後に自ら命を絶ってしまったのだから……。

まず指摘したいのは、資本主義にとっての外のなさが、カンタン・メイヤスーが語る〈思考と存在の相関〉にとっての外のなさと共通している、という点である。メイヤスーは、カント以降、主流となっている哲学的立場を「相関主義」と呼ぶ。それによれば、わたしたちは〈思考と存在の相関〉にしかアクセスできない、ということになる。たとえこの相関の外部に位置する存在そのものについて語ったとしても、それは、語られた以上、思考との相関のうちに絡め取られてしまうだろう。ここには、外へ出た途端に内へ逆戻りしてしまうという循環構造がある。まるで「透明な檻」[8]のなかにいるかのようだ。同様の構造は、資本主義にも当てはまる。あらゆるものは資本と相関し、資本主義の内部で流通してしまう。資本主義は自らに対する批判さえも飲み込んで、商品にしてしまうのであった。思考も資本も、あらゆる外部を同化・吸収する透明な檻なのである。

では、いかにして外部へいたるのか。メイヤスーは、偶然性という概念に訴える。この偶然性自体が、メイヤスーにとってひとつの外部なのだが、それには〈思考との相関〉という構造そのものを理由なく破壊する力があたえられている。内部からの力ではけっして突破できない透明な檻は、非理由的・偶然的な力によって、外部からとつじょ破壊されうるのである。外への脱出は、内からの努力や運動によってではなく、外からのまったくの偶然な力によってもたらされるかもしれない。わたしたちには想像不可能なポスト資本主義は、外からとつぜんもたらされるかもしれない。

フィッシャーが第1講で取り上げる、アップルの一九八四年のCMを思い浮かべてほしい（見たことがない方は、ぜひユーチューブで検索してほしい）。灰色の共産主義的ディストピアに、アップルを象徴する色鮮やかな女性が駆け寄ってくる。そして、女性の手元からハンマーが放り投げられ、ディストピアの指導者の映像が破壊される。このCMにおける解放は、あくまでもアップルがもたらす資本主義への解放である。だが、ポスト資本主義を希求するわたしたちは、資本主義からの解放を目指さなければならない。わたしたちにとって、ハンマーを握って走ってくるのは、女性でも男性でもない何者かだ。想像不可能なその何者かが放つ偶然的なハンマーの一撃。それによって、資本主義はとつぜん終わりを迎えるのである。

（8）Meillassoux, *Après la finitude*, *op. cit.*, p. 21〔メイヤスー『有限性の後で』前掲書、一八頁〕.

4　デイヴィッド・J・チャーマーズ『リアリティ＋』

いま、あなたの周りにはどんな物があるだろうか。飲み物を入れたマグカップやお気に入りの椅子などがあるかもしれない。少しだけ昨日のことを思い出してみてほしい。誰と会い、どのような会話をしただろうか。夕食の食卓を彩る料理はどんな香り、どんな味がしただろうか。

これらすべては、もしからしたらよくできたシミュレーションかもしれない。あなたがいま見ているもの、これまで感じてきたものはすべて、現実には存在しないシミュレーションかもしれない。本当のあなたは、たとえば映画『マトリックス』の人間たちのように、装置のなかで眠っているのだ。あなたの脳はコンピューターと接続されていて、じっさいには存在しないものを経験させられている。あなたはこれまでずっとそのようにして、バーチャル世界のなかで生きてきたのかもしれない。

デイヴィッド・J・チャーマーズの『リアリティ＋』は、こうした可能性を真剣に探求するエンタメ感あふれる哲学書だ。SF小説や映画、ゲームなどを題材に、テンポよく議論が進展していく。さまざまな哲学的概念も援用されるが、その都度手際よくまとめられているので、初学者でもまったく問題なく読み進めることができるだろう。

本書の基本的な主張は、第1章で簡潔に述べられる。チャーマーズは、三つの問いに答える形で、自らの主張を明確化している。そのうちの二点だけ紹介しよう。

まず一つ目は、「私たちは、自分がバーチャル世界にいるかどうかわかるのか？」（知識の問い）というものだ。これに対するチャーマーズの答えはノーである。先ほど述べたようにに、あなたはこれまでずっとバーチャル世界のなかで生きてきたのかもしれない。この可能性を完全に排除することはできないし、逆に、「バーチャル世界にいる」とはっきり断言することもできない。このように、チャーマーズは論じる。

問いの二つ目は、「バーチャル世界はリアルなものか?」(実在の問い)というものだ。チャーマーズの答えはイエスである。仮に私たちがバーチャル世界にいるのだとしても、私たちが経験するものがたんなる錯覚であることにはならない、というのがチャーマーズの主張だ。この主張の根幹をなすのは、「バーチャル・デジタリズム」という考え方である。バーチャル世界の事物は、デジタルなビット構造からできている。だがそうだとしても、バーチャルな事物が虚構であることにはならない、とチャーマーズは言う。それは、私たちが経験する現実の木や猫という対象が、じつは素粒子からできているからといって虚構であることにはならないのと同様である。バーチャル・デジタリズムにしたがえば、ビット構造もバーチャルな事物も、どちらもリアルなのだ。

さて最後に、「シミュレーション神学」というユニークな概念を紹介しよう。チャーマーズは、シミュレーションの内部にいる者たちにとって、シミュレーションの実行者はいわば神のような存在になる、と論じる。この神のごときシミュレーション実行者の性質を、シミュレーション内部の視点から探求する試みがシミュレーション神学だ。チャーマーズは最終章で、シミュレーション神学の試みにかんして肯定的な答えを提示しているように思われる。シミュレーション内部の普遍的な構造は、シミュレーション実行者が生きる外部世界にも共通したものである、と言うのだ。

わたしはチャーマーズよりも、シミュレーションの内／外の断絶を強くとらえ、シミュレーション否定神学なるものを考えたい。シミュレーションの外部の現実世界では、まったく異なった自然法則が成立しているかもしれない。しかもたんに自然法則のパラメーターが異なっているだけでなく、シミュレーション内部の者にとってまったく未知の力が存在しているかもしれない。さらには、概念体系や論理法則もまったく異なるかもしれない。そんな、なにもかもが根本的に異なる外部世界。それは、シミュレーションから目覚めたとき、おそらく一歩も動けなくなってしまうような世界だろう（あるいは、そもそも「足」も「動く」も存在しないかもしれない）。

5　ブリュノ・ラトゥール『パストゥールあるいは微生物の戦争と平和、ならびに「非還元」』

科学社会学を専門とし、アクターネットワーク理論の提唱者のひとりとして知られるブリュノ・ラトゥール。彼の作品のファンであり、さらに哲学に関心がある（わたしのような）読者にとって、翻訳が待望される著作が二冊ある。

ひとつは、後期ラトゥールの主要著作『存在様態探求』である。この本は、一五個の「存在様態」を提示し、それにもとづいて新たな探求に繰り出す書だ。

そしてもう一冊は、ついに邦訳が出版された『パストゥールあるいは微生物の戦争と平和、ならびに「非還元」』である。本書は、初期ラトゥールの重要著作のひとつだ。哲学寄りのラトゥールファンにとってとりわけ重要なのは、第II部の「非還元」である。そこでは、ウィトゲンシュタインの『論理哲学論考』を思わせるような簡素な文体で、ラトゥール自身の哲学的発想が綴られていく。グレアム・ハーマンは、ラトゥールを形而上学者として読み解こうと試みた意欲作『ネットワークの君主』のなかで、まさにこの「非還元」を考察することから議論をはじめている。「非還元」は、ラトゥールのその後の展開が萌芽的に凝縮された、特濃ソースのようなテクストだ。

本書の構成はひじょうに特徴的である。いま見たとおり、第II部のテクストは、簡素な文体で哲学的アイデアを詰め込んだきわめて抽象度の高いものになっている。他方で第I部では、具体的な分析が展開される。そこでは、「近代細菌学の祖」とされるルイ・パストゥールが一九世紀のフランスにおいていかにして影響力を持つにいたったのかが詳細にたどられ、ラトゥールらしい分析が繰り広げられる。このように本書は、パートを跨いでまったく性格の異なるタイプのテクストが収められているのだ。第I部では具体的な分析がなされ、第II部ではそうした分析の根底にある哲学的発想が開示される。第I部が第II部の(あるいは、第II部が第I部の)「翻訳」になっているような書物だと言えるだろう。それぞれのパートについて概観しよう。

まず第I部について。ここでラトゥールは、つぎのような科学観を批判する。〈科学は政治的な闘争と無関係であり、理性の産物として確固とした地位を持つ〉という見方だ。ラトゥールにしたがえば、科学は政治的な力関係と無縁ではない。むしろ、ある科学的知識は、力関係の戦いをとおして、最終的に確固としたものであるかのような外観を獲得するにいたる。ラトゥールはこのことを、パストゥールの成功を例に取り上げて、詳細に分析していく。本パートで展開される分析は、アクターネットワーク理論の手法によってなされた最初期のもののひとつである。

いかにしてパストゥールは「医学に革命をもたらした存在」となったのか。この物語の主要キャラクターは、パストゥール派の人々と衛生学者たちである。またこれに加えて、微生物たちを忘れてはならない。アクターネットワーク理論の重要な特徴は、ある局面にかかわるアクターを人間だけに限定しない、という点にある。

パストゥールによって後に「微生物」とみなされるようになる存在者が、当時、人間や家畜に寄生して感染症をもたらし、強大な力を振るっていた。しかし、その存在者たちは、あるときパストゥールによって研究室の培地に移され、そこでさまざまな拷問を受けさせられることになる。そしてついに弱毒化がなされ、ワクチン開発が進められる。こうして、「微生物」とパストゥール派の力関係が逆転する。パストゥール派は、「微生物」の力を代弁するものとして影響力を行使するきっかけを手にしたのだ。パストゥール派は、「微生物」にいわば寄生し、それを利用することで、自らを強力な存在に変貌させたのである。

しかし、パストゥール派もまた衛生学によって利用される。当時の衛生学は、感染症の原因を特定することができていなかったため、環境のあらゆるものを衛生的に保つことをただ推奨することしかできなかった。しかしそこに、パストゥールの発見がもたらされる。もはや衛生学は、感染症の原因である微生物がやってくる経路だけを重点的に衛生化すれば良いのだ。衛生学は、パストゥール派の功績を喧伝することによって、同時に自己自身の力を強めていった。このようにさまざまなアクターの思惑が交差し、「同盟関係」が広がっていくなかで、最終的にパストゥールは「医学における革命的存在」になったのである。

第II部に移ろう。先ほど紹介したとおり、第II部は、簡素な文体で綴られる哲学的アイデアの特濃ソースである。その合間に、「小休止」という短いエッセイが置かれている。ラトゥールはそのなかのひとつで、「還元主義」に嫌気が差したときのエピソードを語っている。講義へむかう車中での出来事だ。「〔…〕私は、還元主義の過剰服用の酔いから覚めて、運転中の車を止めざるを得なかった。キリスト教徒であるとき、人は世界を自身に還元することのできる神、それゆえ世界を創造するに至る神を愛する〔…〕。天文学者であるとき、人は宇宙の起源を探究し、宇宙の展開をビッグバンから演繹するに至る〔…〕。哲学者であるとき、人はそれを起点とすれば残り全てが現象でしかないような根本的基盤を見いだすことを期待する」[9]。人はこのように、自らが信じるものにすべてを還元し、そこからすべてを説明しつくそうとする。これに対して、ラトゥールは「非還元」という立場を掲げる。どんなものも、それ自体において、そこにすべてを還元することができるようななにかであることはない。あらゆるものはいわば力であり、他の力に働きかけて関係するときにのみ、それがなんであるかが暫定的に確定する。あらゆるものは、みな等しくそのような力

(9) Bruno Latour, *Les Microbes: guerre et paix, suivi de irréductions*, Paris Éditions A. M. Métailié, 1984, pp. 181-182〔ブリュノ・ラトゥール『パストゥールあるいは微生物の戦争と平和、ならびに「非還元」』荒金直人訳、以文社、二〇一三年、三〇四頁〕.

である。力の結びつきがどこまでも広がっていき、広大な「同盟関係」が結ばれるとき、その力は他の諸力を制圧する強いものとなる。このような存在一般の理論が展開されているのが、第Ⅱ部（のとくに第1章）である。

哲学寄りのラトゥールファンであるわたしは、つぎのようなことを考えてみたくなる。彼の存在論は、多様な事物が存在し、しかもそれらが密集している、地球という特殊な環境を一般化したものにすぎないのではないか。力が容易に届きうる範囲に、他の事物があふれかえった環境。だが、そうではない環境はいくらでもありうる。たとえば、宇宙物理学は宇宙がたどるシナリオのひとつとしてビッグリップというものを考える。宇宙が膨張しすぎた結果、素粒子どうしが引き裂かれてしまうのだ。ラトゥールが描く諸力の宇宙にそのような「遠さ」がとつじょ到来する、といったことがあっても良いのではないか。巨大な遠さによって、力が他の力にまったく届かなくなってしまった宇宙。いわば形而上学的ビッグリップの可能性だ。

note 過剰創発宇宙

わたしたちが現に住むこの宇宙とはべつの宇宙について想像してみたい。たとえば、放っておくと、つぎつぎとまったく新しいものが生みだされてしまうような宇宙。イノベーションしかない宇宙。それを、**過剰創発宇宙**と呼んでおこう。

一般に、新しいものが出現することを「創発」と呼ぶ。たとえば、(物心二元論的な発想を前提すれば)わたしたちの宇宙では、進化のある段階において物質からそれとはまったくタイプの異なる心的なものが創発した、と考えられる。これは、まったく異なる新たなものが現れたという意味で、かなり強い創発である。

わたしたちの宇宙では、強い創発はこのひとつしか存在しない。宇宙が誕生してから何十億年も経った段階で、物質から精神が創発した。それっきりである。

だが、そこからさきの、さらなる創発があっても良いはずだ。もっと言えば、そうした強い創発が頻繁に生じたって良い。過剰創発宇宙とは、まさにそうしたことが生じている宇宙である。それは、わたしたちの宇宙の創発的進化を超早回しにしたような宇宙だ。そこでは、わたしたちの知らない、より高次の性質を持つものが、つぎつぎと生みだされていくことになる。想像不可能性が一瞬一瞬べき乗化されていくのだ。そこには、つねに強い新しさしか存在しえないのである。

＊＊＊

ところで、過剰創発宇宙論から見た場合、**生成変化の哲学**はひじょうに貧しい哲学であると言える。生成変化の哲学は「あらゆるものがあらゆるものと相互作用し、つねに新たなものへと生成変化している」と主張する。だが、この現実世界を見てほしい。どこにそれほどの新しさが存在するのだろうか。生成変化の哲学は、たいした新しさも生じていないこの現実世界を指して、つねに新しさが生じているのだと宣伝しているにすぎない。現実世界のわずかばかりの差異を過大評価しているのだ。生成変化の哲学は、貧しい新しさに満足することを強いる、質素倹約型の、ある種の道徳哲学だと言える。

過剰創発宇宙とは、豊かすぎる新しさが**じっさいに**つぎつぎと生まれる宇宙である。そうした宇宙の可能性について思弁するのが、過剰創発宇宙論だ。貧しい新しさを過大に賛美する生成変化の哲学に対して、過剰創発宇宙論は豊かすぎる新しさについて思弁する。

＊＊＊

では、過剰創発宇宙において、生命のようなものが存在するとしたら、どのようなものになるだろうか。過剰創発宇宙で「生きる」とは、どのようなことを意味するのだろうか。その点について考えてみたい。

過剰創発宇宙では、放っておくと、あらゆるものがつぎつぎとまったく新しいものへと変化していってしまう。物質から精神が創発し、精神から**$ŧ╒%」**が創発し、**$ŧ╒%」**から**#!|6?***が創発し…ということが、つぎつぎと生じていく。生命のようなものがそこで存続するためには、こうした「自然」の創発になんらかのブレーキをかける必要があるだろう。過剰な創発の連鎖をなんらかの仕方で減衰させることができたときにはじめて、生命のようなものは生存環境を構築し、存続できるようになる。

「死」はどうだろうか。わたしたちの宇宙では、死は、生命が失われて低次のレイヤーの物質へ解体されていくことを意味する。死ぬと複雑さを失い、動きを欠いた単純なものへと還元されていく。だが、過剰創発宇宙では、事態は逆である。死ぬと、むしろ活性化し複雑になっていく。死者は過剰創発に飲み込まれ、より高次の他なるものへと変化していくのだ。過剰創発宇宙においては、生者よりも死者のほうがはるかに活発でクリエイティブなのだと言える。

＊　＊　＊

わたしたちの宇宙では、強い創発はほとんど生じない。この宇宙は、**過少創発宇宙**である。だが、この過少創発宇宙そのものが、とつぜん過剰創発宇宙へと「創発」する可能性だってあるはずだ。過剰創発宇宙は、この現実世界からまったくかけ離れた、ほとんど無縁のたんなる可能世界ではない。わたしたちのこの宇宙そのものが、なんの理由もなくとつぜんつぎの瞬間に、過剰創発宇宙へと生成変化してしまうかもしれないのだ。宇宙そのものを生成変化させる、強い創発。過剰創発宇宙論は、このような創発の可能性についても思弁する。

第9章　闇堕ちの哲学——怒りのダークサイド試論

怒りとはなにか。

回りくどい議論を重ねて読者の怒りを買わないように、あらかじめ本章の主張を示しておこう。怒りとは、不意に到来し、主体を劇的に変様させてしまう闇の力である。

このよく知られたありふれた事実を、あらためて強調してみたいと思う。本章で展開されるのは、怒りのダークサイドをめぐる試論である。

1　理性的で未来志向の怒り？

マーサ・C・ヌスバウムの『怒りと赦し』から出発しよう。ヌスバウムは、怒りから、いわば光の力を抽出しようと試みる。本章の主張とは正反対の立場だ。

ヌスバウムによれば、そもそも古代ギリシア以来、哲学者たちは怒りの問題点を指摘してきた。

怒りには、報復の欲望が結びついている。この負の側面は、人間社会に破壊的な事態をもたらす。したがって、怒りは取り除かれなければならない。多くの哲学者たちは、怒りについてこのように考えてきた。ヌスバウムも過去の哲学者たちに同意し、怒りは基本的に有害であると主張する。

ヌスバウムが積極的に描き出そうと試みるのは、過去に縛られ報復を望む怒りが、未来志向の建設的な態度へ転じる変様である。怒りから、未来志向の正義へ。この変様をヌスバウムは〈移行〉(Transition)と呼ぶ。[1]〈移行〉は、『怒りと赦し』の最重要概念だ。

ヌスバウムは、同書の冒頭で、古代ギリシアの詩人アイスキュロスによる悲劇『オレステイア』を取り上げ、この物語で描かれるイメージと〈移行〉を重ね合わせて論じている。『オレステイア』は、三部作形式の悲劇である。ヌスバウムが注目するのは、第三部の『エウメニデス』だ。本章の議論にとっても重要なイメージなので、(やや複雑だが)あらすじを確認しておこう。[2]

物語は、主人公のオレステスが、アポロンに助けを求めにやって来るところからはじまる。これに先立つ第二部で、オレステスは、父を殺した母を、アポロンの声に従って殺害した。しかし今度は、自分が母殺しの罪によって復讐の女神《エリニュエス》に襲われることを危惧したのである。

一方、オレステスによって殺された母の亡霊は、怒りと憎しみに包まれ、復讐の女神たちをけしかける。それによって、忌まわしい姿をした復讐の女神たちが、ついにオレステスを追いかけ回しはじめる。

オレステスは、アポロンの助言によって、さらにアテナに助けを求めに行く。そしてアテナによって、母殺しの罪をめぐる裁判が開廷。物語はとつじょ法廷劇となる。母殺しの正当性を主張するオレステスとアポロンvs.母殺しの罪を責め立てる復讐の女神たち、という構図だ。裁判は、最終的にオレステス側の勝利となる。彼は、神々とアテナイ市民にお礼を述べて、「ご機嫌よう」とあっさり立ち去っていく。

残された復讐の女神たちは、大激怒だ。アテナの慰めの言葉も耳に届かず、まったくおなじ呪いの言葉を二度繰り返すほどの怒り様である。復讐の女神たちは、穢《けが》れを垂れ流しアテナイ市民を滅亡に追い込んでやる、と脅す。これに対してアテナは、条件を提示して説得を試みる。怒りを収め、この地に留まるならば、市民があなたたちを崇拝するようになるよう取り計らおう、と持ちかける。この取引に復讐の女神たちは心を動かされ、最終的に慈愛《エウメニデス》の女神たちへと変様することになる。以上が物語のあらすじである。

ヌスバウムが注目するのは、最後の場面だ。つまり、復讐の女神たちが、慈愛の女神たちへ変様する場面である。政治的正義は、怒りをたんに檻に閉じ込めるのではなく、むしろそれを根本的に変様させる。血に飢えた怒りは、合理的で未来志向の態度へと変様するのである。ヌスバウムは、復讐の女神たちの変様に〈移行〉の原的イメージを読み取る。

しかし現実において、一人の人間の怒りは、いったいどのようにして未来志向の態度へ〈移行〉するのだろうか。ヌスバウムが考える〈移行〉のロジックはこうだ。

（1）Cf. Martha C. Nussbaum, *Anger and Forgiveness: Resentment, Genersity, Justice*, New York: Oxford University Press, 2016, p. 6.
（2）つぎの邦訳を参照。アイスキュロス『ギリシア悲劇全集1』松平千秋ほか訳、岩波書店、一九九〇年。

怒りには「報復」（payback）への欲望が結びついている。しかし、よくよく考えてみればわかるとおり、そもそも報復は合理的ではない。「犯罪者になにかをしたところで、死者が生き返るわけでも、折れた手足が元に戻るわけでも、性的暴行がなかったことになるわけでもない[3]」。つまり、払い戻し《ペイバック》が成立しないのだ。報復には意味がない。そこに意味を見いだすような思考は、非合理な「呪術的思考」（magical thinking）[4]だ。それゆえ、「理性を備えた人」であれば、怒りから離れて「より生産的で前向きな思考[5]」へ〈移行〉していくことになるだろう。ヌスバウムはこのように考える。怒りは、理性の力をつうじて、社会全体の幸福を追求するような態度へと〈移行〉する。怒りは、こうした仕方で乗り越えられるべきものとして位置づけられる。

　他方でヌスバウムは、〈移行〉状態にありつつも、ある種の怒りが残存するような境界事例を認めている。ヌスバウムは、そうした怒りを〈移行的怒り〉（Transition-Anger）と呼ぶ。それは、「なんてひどいんだ！　なんとかしなければならない[6]」といったタイプの怒りである。つまり、たしかに怒りではあるが、報復を求めずに、社会全体の幸福を追求する建設的な怒りだ。

　そんな怒りがあるのだろうか。そう思われるかもしれない。ヌスバウムは、具体例を挙げて〈移行的怒り〉について説明している[7]。たとえば、ある政治制度のもとで、富裕層が優遇されているとしよう。この制度のもとで、富裕層は財産に見合った納税をせず、貧困層の福祉のためにあまり税金を支払わない、ということが許されているのだ。しかし、この制度の不公正さに対して、怒りを抱いている人たちがいるとする。一方のタイプの人は、社会変革だけでなく、富裕層が苦しむことも望んでいる。富裕層が傲慢さの報いとして苦しむのは正しいことだ、と彼らは考える。それに対して、もう一方のタイプの人は、公正な社会の構築を望んでいるが、富裕層の苦しみは望んでいない。むしろ、政治的抵抗を生む可能性があるので、富裕層の苦しみはないほうが良いとさえ考えている。ヌスバウムにしたがえば、前者が抱く怒りがふつうの怒りであるのに対して、後者が抱く怒りは純粋な〈移行的怒り〉である、ということになる。

ヌスバウムは、〈移行的怒り〉を「憎しみ」(hatred) などの負の側面から切り離し、純化する。[8]〈移行的怒り〉は、毒気が抜かれた、理性的で未来志向の怒りだと言えるだろう。ヌスバウムは、このような怒りであれば「有用な道具的役割」[9]を果たすことができると考え、これを擁護する。

さて、ここまでヌスバウムの議論を確認してきたが、本章の積極的な主張から見れば、〈移行〉の概念は、あまりにも予定調和的だと言える。〈移行〉の予定調和的なロジックによって、怒りの負の側面が軽視されてしまっているように思われる。怒りが持つ憎しみや復讐心といった負の側面は、人間主体に否応なく絡みついてきてしまう。この端的な事実が見過ごされているように思われ

(3) Nussbaum, *op. cit.*, pp. 21-22.
(4) *Ibid.*, p. 29.
(5) *Ibid.*, p. 6.
(6) *Ibid.*, p. 35.
(7) Cf. *ibid.*, p. 37.
(8) Cf. *ibid.*, p. 50.
(9) *Ibid.*, p. 37.

るのだ。怒りの負の側面は、理性の力によって容易に払拭できるようなものではない。どんな人であれ、そこに飲まれるときは飲まれてしまう。むしろ、このままならなさこそが、怒りの本質を成しているように思われる。だが、ヌスバウムが積極的に主張するのは、未来のために主体が意のままに活用できる怒りである。つまり、「道具的役割」を持ち、社会全体の幸福に貢献するような〈移行的怒り〉だ。それは、悪意を込めて表現すれば、「みんなのより良い社会をつくるため、ここはひとつ怒ってやろう。えい！」という怒りである。そのようなものは、もはやほとんど怒りではないだろう。

ヌスバウムは、怒りの負の側面を軽視している。本章の主張とおなじ観点からヌスバウムの議論に噛み付いているのは、アグネス・カラードである。

カラードにしたがえば、怒りを積極的に評価する論者も問題視する論者も、みなそろって怒りの「ダークサイド」を切り離す[10]。哲学者たちは、復讐心といった怒りの破壊的側面を切り捨てて、不正への抗議という怒りの「モラルサイド」だけを抽出する。そして、それに怒りとはべつの名前をあたえて、こちらを重視するのだ。たとえば、〈移行的怒り〉といった名で。

しかし、ダークサイドは切り離せない、とカラードは主張する。彼女からすれば、〈移行的怒り〉は「哲学者のフィクション」[11]にすぎない。怒りから血の匂いを払拭することはできないのだ。要するにカラードは、怒りのダークサイドを切り捨てるな、と怒っているのである。

哲学者たちは、復讐心という怒りのダークサイドが非合理的であることを根拠に、それを切り捨てようとする。これに対してカラードは、「怨恨と復讐は完全に合理的である」[12]と述べ、ダークサイドの合理性を強調する（その論拠はここでは置いておく）。

議論を整理しよう。一方でヌスバウムは、怒りのダークサイドを非合理的なものとして切り捨て、合理的な〈移行的怒り〉について語る。他方でカラードは、怒りのダークサイドを重視し、さらにそれが合理的なものだと主張する。

本章は、ダークサイドを重視しているという点でカラードの主張を支持する。しかし、ダークサイドが合理的であるという彼女の主張に対しては異論を唱えたい。怒りとは、ストア派の哲学者セネカが言うように「狂気」である。[13] 怒りのダークサイドは、非理性的な狂気の闇だ。本章の目的は、この闇が主体にとってどのような存在なのかをあらためて問うことにある。ヌスバウムとカラードは、どちらも合理性や正当性という観点から怒りを論じており、怒りの倫理学を展開しているのだと言える。それに対して本章が試みるのは、怒りの存在論だ。「良い／悪い」という観点とは独立に、主体にとって怒りがどのような存在であるのかを描き出すことにしたい。

主体は、不意に訪れる出来事をきっかけに、怒りの情念に飲み込まれる。どんなに穏やかな人で

（10）Cf. Agnes Callard, "On Anger," in Agnes Callard (ed.), *On Anger*, Cambridge: Boston Review, 2020, p. 15-16〔アグネス・カラードほか『怒りの哲学——正しい「怒り」は存在するか』小川仁志監訳、森山文那生訳、ニュートンプレス、二〇二一年、一四頁〕.

（11）Ibid., p. 25〔同書、二四頁〕.

（12）Ibid., p. 20〔同書、一九頁〕.

（13）セネカ『怒りについて 他二篇』兼利琢也訳、岩波文庫、二〇〇八年、八七頁参照。

あっても、とつぜん怒りの狂気に取り憑かれてしまうかもしれない。その可能性を、理性の力によってあらかじめ取り除いておくことは不可能だ。あなたはいつもの道を運転している途中で、とつじょ怒り出し、「あおり運転」ドライバーになってしまうかもしれない。慈愛の女神としての主体がとつじょ復讐の女神となって、他人をどこまでも追いかけ回しはじめるのだ。それは、ヌスバウムの議論とは逆向きの〈移行〉である。怒りのダークサイドに堕ちること。つまり、闇堕ちだ。

2　怒り・変身・闇堕ち

血の気が脱色された〈移行的怒り〉ではなく、ダークサイドに直結した純粋な怒りへ。純粋な怒りに飲まれた主体は、ときに完全に闇堕ちする。強い復讐心に取り憑かれ、通常の道徳規範から逸脱した行動へとどこまでも突き進んでいくのだ。まさにこのために、ヌスバウムを含む多くの哲学者たちは怒りを問題視していたのである。「怒りの破壊性」[14]は、主体を非道徳的な破壊行為へと駆り立て、社会全体に対して有害な効果をもたらす、というわけだ。

そこで危惧されている「破壊」は、ターゲットの破壊である。だが、本章で強調したいのは、闇堕ちにおいてそもそも主体自身が破壊されてしまっている、という点だ。純粋な怒りとは、不意に到来し、主体を破壊的に変様させてしまう、コントロール不可能な闇の力である。主体は、怒りによって他なるものへと変身してしまうのだ。怒りにおけるこの変身性に着目したい。そこでまず、カトリーヌ・マラブーの「破壊的可塑性」(plasticité destructrice) という概念を参照しよう。マラブーが描き出そうと試みるのは、つぎのような事態である。

時間をかけて作り上げられてきた雪だるま、ごろごろと転がっていくうちに大きくなり、膨れ上がり、完成されていく雪の塊を、不意に突き崩してしまうような変様が起こることがある〔…〕テロリストの襲撃のような変化が存在するのだ。[15]

このように、主体のそれまでの同一性がとつぜん断ち切られてしまうような事態がある。マラブーが好んで挙げる例は、アルツハイマー病だ。それは、脳神経細胞の損傷によって人格があるときにがらりと変わってしまう病である。

マラブーが破壊的可塑性の概念によって描くのは、アルツハイマー病のように、主体のそれまでの「形」が突然の出来事によって破壊され、まったくべつの新たな「形」がつくりだされるような事態だ。マラブー自身は述べていないが、怒りにおける変身もまた破壊的可塑性の例だと言えるだろう。怒りは、「テロリストの襲撃」のように不意に訪れて、主体に対して、それまでのものとは

(14) Nussbaum, *op. cit.*, p. 14.
(15) Catherine Malabou, *Ontologie de l'accident: Essai sur la plasticité destructrice*, Paris: Éditions Léo Scheer, 2009, p. 10〔カトリーヌ・マラブー『偶発事の存在論——破壊的可塑性についての試論』鈴木智之訳、法政大学出版局、二〇二〇年、五頁〕.

まったく断絶したべつの姿をもたらすことになる。アルツハイマー病が人格を変様させるのとおなじように、怒りも主体の人格をがらりと変えてしまう。どんなに温厚な人であっても、ひとたび純粋な怒りに飲まれれば、復讐心に取り憑かれた攻撃的な人格に変貌してしまうだろう。

以上のマラブーの議論に加えて、さらにグレアム・ハーマンの議論を補助線として参照することにしよう。ハーマンが語る「魅惑」（allure）は、怒りとは反対の向きに働く作用だと言える。

怒りの場合、主体が劇的に変様する。攻撃的な人格へと変貌した主体は、怒りのきっかけとなった人物に復讐心のベクトルを向けていく。他方で、魅惑の場合は、客体が変様する。主体の関心のベクトルはこの客体へと引き込まれ、それに釘付けになるのだ。魅惑は、「強力な情緒的衝撃」として働く[16]。たとえば、「驚き」という情緒がそれにあたる。

ハーマンは、魅惑の例として、友人が意外な一面を見せるという出来事を挙げる[17]。通常、友人は、わたしが知っているとおりの振る舞いをするだろう。いわばキャラどおりの人物として存在している。そうした友人は、滞りなく機能している道具のような存在であって、あえてその存在そのものにわたしの関心が向かうことはない。しかし、その滞りなさにヒビが入ったとき、とつぜんそこに関心が向かうようになる。たとえば、友人がなんらかの裏切り行為をするような場合だ。わたしは、意外な一面を見せた友人に驚き、その人物に釘付けになる。友人はそのとき、いわばキャラ崩壊しているのだ。このように、驚きという情緒が生じるときには、客体の側の変様がある。

しかし、驚き（ないし魅惑）をもたらす客体の変様は、じつはそれほど強力なものではない。変様を被っているのは、あくまでもわたしが友人にかんして持つイメージであって、友人そのものではないからだ。ハーマンは、わたしに現前するイメージを「感覚的対象」（sensual object）と呼ぶ。驚きが生じるときに揺らぐのは、感覚的対象の統一性だ。だがその背後には、「実在的対象」（real object）と呼ばれる対象そのものが無傷のままに横たわっている。先ほどの例で言えば、友人そのものだ。友人そのものは、わたしの経験に立ち現れる性質以上のものをつねに隠し持っている。わたしの経験は、実在的対象としての友人をけっして汲みつくすことはできない。わたしは、友人そのものの一側面としての感覚的対象を経験しているにすぎないのである。実在的対象が持つ無限に豊穣な深みから、わたしの知らない性質が噴出するとき、感覚的対象の統一性が揺るがされ、驚きが生じるのだ。しかしこのとき、実在的対象の同一性は温存されたままとなっている。このように、ハーマンの説明にしたがう限り、驚きをもたらす客体の変様は、あくまでも認識レベルのものだと言えるだろう。

これに対して、怒りにおける主体の変様は、もっと過激なものである。認識レベルではなく、存在レベルでの変様が生じるのだ。つまり、ハーマンの用語で言えば、わたしという実在的対象が変様するのである。もう少しだけハーマンのモデルにしたがって、この点について考察しよう。

ハーマンは、自立的で統一的なあらゆる存在者を実在的対象とみなす。わたし、猫、コップ、電子、ティーガーデン星b、本能寺の変。この世界には、こうしたさまざまなタイプ、さまざまなス

（16）Cf. Graham Harman, *Guerrilla Metaphysics: Phenomenology and the Carpentry of Things*, Chicago: Open Court, 2005, p. 218.
（17）Cf. *ibid.*, p. 223.

ケールの実在的対象があふれている。それらは、無限に豊穣な深みを隠し持ち、たがいに関係することなく自己自身のうちに引きこもっているのである。これが、ハーマンのモデルにおけるデフォルトの状態だ。

だが、このように関係性から引きこもった実在的対象がとつじょ関係するとき、劇的な変化が生じることになる。ハーマンは、このことを飛行機の衝突を例に挙げて説明している[18]。二機の飛行機が空中で衝突したとしよう。このとき、二機の飛行機を構成要素とする新たな実在的対象として、「衝突」という対象が生じる、とハーマンは考える。飛行機どうしは、直接的に関係しない。その代わりに、「衝突」対象から、構成要素としての飛行機に対して「遡及的効果」(retroactive effect) がもたらされ、飛行機は破壊的な形状へと変化するのである。

この変化のモデルをもちいて、怒りにおける主体の変様について考えてみよう。たとえば、わたしの愛する人がとつぜん何者かによって殺され、その亡骸をわたしが発見したとする。このとき、「亡骸」と「わたし」というふたつの実在的対象を構成要素とする新たな実在的対象として、「発見」という対象が生じる。そして、「発見」対象は、わたしに対して遡及的効果をもたらす。この遡及的効果は、わたしのうちに強い怒りを湧き起こらせ、わたしという実在的対象の「形」を破壊的に変貌させてしまうだろう。(マラブーの概念で言えば)破壊的可塑性にもとづく変化だ。わたしは、怒りと復讐心に満ちたダークな実在的対象に変身してしまう。わたしという実在的対象が隠し持つ深みは根本的に狂ってしまい、そこから吹き出す性質は、かつてのテイストとはまったく異なったものとなる。

この闇堕ちした実在的対象が、他の存在者に対して魅惑を生じさせるような場合もあるだろう。この場合の魅惑は、ハーマンが考えるものよりも強力なものだと言える。なぜなら、存在レベルと認識レベルの両方において変様が生じているからだ。闇堕ちしたわたしに、ある友人が遭遇したとする。友人のうちには、かつての温厚なわたしの感覚的対象（イメージ）がある。だが、この感覚的対象の統一性は、わたしという闇堕ち対象の奥底から噴出するダークな性質によって激しく揺さぶられることになる。友人は、感覚的対象とダークな性質のあいだの齟齬に対して、驚くどころか困惑することになるだろう。「いったいどうしてしまったのか」と、わたしに釘付けになってしまうはずだ。闇堕ちした実在的対象によるダークな魅惑――。

さて、ここまで、純粋な怒りによる主体そのものの破壊的な変身について考察してきた。本節の最後に、闇堕ちという（とりわけフィクションのなかで多く見られる）現象一般を、主体の同一性にもたらされる断絶という観点から、あらためてとらえなおしておくことにしたい。「闇堕ちの哲学」という表題を掲げた以上、闇堕ちそのものの考察は不可欠である。だが闇堕ちは、本章が主題とする「怒り」以外の要因とも複雑に絡みあった現象である。「闇堕ちの哲学」は、本章の試みを超えて、より広い射程のもとで展開される必要があるだろう。ここで、闇堕ち現象一般の見取り図を示しておこう。闇堕ちは、同一性の断絶の程度に応じて、つぎのようにレベル分けすることができる。

闇堕ち Lv. 1――主体の同一性の断絶が弱い場合。これは、主体自身に元々備わっている傾向性

---

(18) Cf. Graham Harman, *Object-Oriented Ontology: A New Theory of Everything*, London: Pelican, 2018, p. 167.

（正義感、恐怖心、野心など）が漸次的に強化されることによって、非道徳的な行動へ突き動かされていく、というパターンだ。たとえば、大場つぐみ×小畑健による漫画『DEATH NOTE』の主人公・夜神月《やがみライト》を挙げることができる。月は、自らのうちに元々ある強い正義感に従って、「デスノート」による殺害を繰り返していく。自らの合理性システムに過剰に従った結果、一般的な道徳システムから逸脱してしまうのだ。

闇堕ちLv.1に怒りという要素が深く関与することは、おそらくほとんどないだろう。闇堕ちそのものは、怒り以外のさまざまな要因によってももたらされる、より広範な現象である。怒りが闇堕ちにとって重要な契機となるのは、Lv.2以降だ。

闇堕ちLv.2――主体の同一性の断絶が強い場合。これは、主体が大切にするものに対してとつじょ暴力が振るわれ、そのことによって怒りや憎しみを抱き、非道徳的な行動へ突き動かされていく、というパターンだ。本節でここまで確認してきたものは、このパターンに該当する。人は不意に訪れる外的な暴力によって、たとえば自尊心が傷つけられたり、愛する人が殺されたりする。その結果、場合によっては復讐の鬼と化す。それは、人格面における通時的同一性の強力な破壊だ。たとえば、藤本タツキによる漫画『ファイアパンチ』の主人公・アグニを挙げることができる。アグニは、愛する妹が殺されたことで、まさに復讐の鬼と化す。彼は、妹を殺したドマを「できるだけ残酷に…殺して…燃やす…」ことを切望する。

闇堕ちLv.3――主体の同一性の断絶がひじょうに強い場合。これは、不条理な暴力によって主体そのものが無に帰されてしまう、というパターンだ。闇堕ちLv.2のように、主体にとって大切な人が殺されるのではなく、むしろ主体自身が不条理に殺されてしまうのだ。この場合、身体そのものが失われている。そのため、怒りや怨念だけがさまよい出し、主体は怨霊と化す。たとえば、崇徳院の怨霊を挙げることができる。[19] 崇徳院は、後白河天皇の挑発によって追いつめられ、天皇側と戦《いくさ》をすることになった（保元の乱）。しかし、あっさりと敗れ、讃岐への流罪となってしまう。辺境の地に流され不条理な死を遂げた崇徳院は、強い怨恨から死後に怨霊となり、後白河天皇周辺の怪死や天変地異をもたらしたとされている。一般に怨霊とは、「現実世界において果たせなかった復讐を、冥界において果たすために登場する存在[20]」である。

3　純粋な怒りと純粋な赦し

ここまでの論点を整理しなおそう。

主体のうちには、ふたつの次元がある。理性の光に照らされたライトサイドと、狂気の闇に包まれた怒りのダークサイドである。人は日常的にライトサイドに属している。ある程度において理性的で温厚な人物として社会生活を営んでいるのである。

（19）山田雄司『怨霊とは何か――菅原道真・平将門・崇徳院』中公新書、二〇一四年、一二六－一五八頁参照。
（20）同書、三八頁。

しかし、不意に訪れる不条理な出来事をきっかけに、怒りのダークサイドに否応なく飲み込まれてしまう。それまでの温厚な人格はとつじょ破壊され、まったくべつの人格へと劇的に変身する。主体は、あるときとつぜん復讐の女神となってしまうのだ。ライトサイドからダークサイドへの逆向きの〈移行〉。つまり、闇堕ちである。

ライトサイドは、ダークサイドという不気味な大洋に浮かぶ小島のようである。ライトサイドの島民は、ダークサイドの水面《みなも》から伸びる手によって、海底へと引きずり込まれる可能性につねに晒されている。闇堕ちの可能性は、だれにでもあるのだ。

だが他方で、ライトサイドの島民には、怒りの技術《テクネー》とでも言いうるものがある。それは、怒りのダークサイドにまっすぐ落ち込んでいくことへの対抗策である。ひとつは、怒りを回避する技術だ。多くの哲学者や賢人たちが、この技術について語る。ヌスバウムの〈移行〉もこれに含まれる。〈移行〉とは、いったん堕ちかけたダークサイドの淵から、理性の力によって自ら這い上がることである。これに加えて、怒りを活用する技術もある。たとえば、ヌスバウムの〈移行的怒り〉だ。それは、ダークサイドに直結する純粋な怒りから血の気を抜き去ることによって、怒りを社会変革のための燃料として活用する術だと言える。それは、ダークサイドの不気味な海水を、クリーンで有用な真水に変えるような技術だ。

ライトサイドの島民は、こうした怒りの技術を保有している。だがそれでも、狂気の闇の手は、「テロリストの襲撃」のように、ダークサイドの水面から予告なく現れる。水面から這い出す手は、怒りの技術が構築するあらゆる防壁を突破して、主体をダークサイドの深淵へと引きずり込んでしまう。どんな人も、怒りに飲まれるときは飲まれるのだ。

以上が、ここまでの論点をあらためて図式化したものである。怒りをめぐって、主体にはダークサイドとライトサイドというふたつの次元がかかわっている。ここに「赦し」というさらなる次元を付け加えることにしよう。

怒りを放棄することは相手を赦すことにつながる、と考えることができるだろう。ヌスバウムも、『怒りと赦し』のなかで一章を割き、赦しについての分析を試みている。しかしヌスバウムは、いかなるタイプの赦しに対しても、それほど積極的な評価をあたえてはいない。ヌスバウムにしたがえば、赦しは、赦す者を道徳的に上位に置き、赦される者を下位に置くことによる、ある種の報復につながってしまう。赦しは後ろ向きのものであって、未来志向で建設的な〈移行〉とは異なる、と言うのだ。[21]

本節では、赦しを、ヌスバウムが考えるものよりも過剰なものとしてとらえることにしたい。ヌスバウムは、赦しが被害者の「自由な選択」によって生じるものであると考えている。[22] この点は、〈移行〉も同様だと言える。ヌスバウムにとって、赦しも〈移行〉も、理性的な主体の権能が支配するライトサイドに属しているのだ。しかし、ジャック・デリダの議論にしたがえば、「純粋な赦し」（pardon pur）は、このライトサイドから突き抜けた次元で成立するものだと言える。デリダは、

（21）Cf. Nussbaum, *op. cit.*, pp. 33, 76-77.
（22）Cf. *ibid.*, pp. 11-12.

「権能なき赦し」（pardon sans pouvoir）[23]について語ろうと試みる。さらには、赦しとは「狂気」であるとさえ主張する。[24]どういうことだろうか。

　そもそも一般に赦しは、加害者と被害者が対立しあっている状況において必要とされる。被害者による復讐は生産的ではない。それゆえ、加害者と被害者の関係を正常化させ、より良い未来を構築するため、両者の和解を目的とした赦しが必要とされるのである。通常、こうした赦しはある条件を前提とする。つまり、加害者が自らの過ちを意識し、赦しを請い、おなじ過ちを二度と繰り返さないことを誓う、といったことを条件に、被害者によって赦しがあたえられることになるのだ。このように赦しは、通常、和解を目的とし、なんらかの条件を満たすことを前提としている。

　しかし、このような赦しは純粋な赦しではない、とデリダは言う。それは、「エコノミー的な取引」にすぎない。つまり、加害者と被害者のあいだで、改心と赦しが交換されているにすぎないのである。デリダは、このとき被害者はいったいだれを赦しているのか、と問う。和解における取引がおこなわれるとき、かつての罪人は改心を経て、すでにべつの人へと変化してしまっている。そこには、赦しをあたえられるべき人が、もはや存在しないのだ。

　したがって、むしろ純粋な赦しは、いっさい改心するつもりのない罪人を、いかなる条件もなしに赦すのでなければならない。それは、和解という取引の外部で、つまり理性的な理解の外部で、赦しえないものをただ赦す、という仕方でのみ可能になる。まさにそれゆえに、赦しとは狂気なのである。デリダは、赦しが理解を超えた狂気的なものであるという点について、つぎのように述べている。

想像してみてほしい――テロリズムの犠牲者や、自らの子供が喉を掻き切られたり収容所に送られたりした人、あるいは家族が焼却炉のなかで死んでいった人を。その人が「わたしは赦す」と言おうと「わたしは赦さない」と言おうと、どちらにしても、わたしには理解したという確信が持てません。(25)

このような純粋で狂気的な赦しは、理解を超えたものであるため、それが具体的にどのようなものであるのかについて、デリダはほとんど語っていない。それはただ到来するものだと述べられる。とはいえ、純粋で無条件的な赦しは、和解を目的とした条件的な赦しが成立するための条件になっているのだと言う。(26)条件的な赦しが、たんなる取引ではなく、あくまでも「赦し」であるならば、そこに純粋な赦しが関与しているはずである。通常の理解可能な赦しには、理解不可能な狂気的赦しが、不可分な仕方で絡みついているのだ。

以上が、デリダによる「赦し」論である。最後の〈条件的な赦しに純粋な赦しが絡みついてい

---

(23) Jacques Derrida, "Le siècle et le pardon," in *Foi et savoir*, Paris: Éditions du Seuil, 2000, p. 133〔ジャック・デリダ「世紀と赦し」鵜飼哲訳、『現代思想』二〇〇〇年一一月号、青土社、一〇八頁〕.
(24) Cf. ibid., p. 123〔同書、一〇二頁〕.
(25) Ibid., p. 129〔同書、一〇五頁、引用した訳は引用者による〕.
(26) Cf. ibid., p. 119〔同書、九九頁〕.

る〉という論点について、デリダ自身の議論を離れて、さらに考察することにしよう。

そもそも、怒りのきっかけとなった出来事は、主体に対して無限の損失を生じさせたのだと言える。かけがえのない存在に不条理な暴力が加えられたからこそ、激しい怒りが湧き上がるのだ。たとえば、愛する人が殺される、といったように。この損失に対して、後から謝罪や賠償、社会変革などがおこなわれたとしても、無限に深い穴が埋まることはけっしてないだろう。主体の側にとつじょ生じた無限の損失。これが怒りの出発点である。

さしあたり、ふたつの道がある。その一方は、加害者に対してまったく同等の損失をあたえる、という道だ。復讐に突き進む闇堕ちの道である。ところが、〈わたしの無限の損失＝加害者の無限の損失〉という等式は、けっして完成しない。なぜなら、わたしが受けた損失の無限性は特異なものであって、他のいかなる無限とも比較不可能なものであるからだ。わたしにとってかけがえのない人が殺されることによって穿たれた無限の穴は、その周囲でどれだけ残酷な犠牲が捧げられても、それらとはまったく比較不可能なまま、ただ無限に深いままでありつづける。

他方で、無限の損失が生じた被害者に対して、プラスの払い戻し《ペイバック》をあたえる、という道がある。エコノミー的な取引の道だ。条件的な赦しだけでなく、〈移行〉もまた、この道に属している。一方で、条件的な赦しは、個人レベルでの払い戻しだと言える。加害者側の謝罪や賠償によって、被害者に対する払い戻しが試みられるのだ。これに対して〈移行〉は、社会レベルでの払い戻しである。[27] 被害者を支援する制度をつくったり、同様の事件・事故が生じないような仕組みをつくったりすることによって社会を変革させ、被害者にある種の払い戻しを試みる。無意味な報復《ペイバック》ではなく、合理的で未来志向の払い戻し《ペイバック》へ。ライトサイドとはエコノミー的な取引所であり、そこではこのような払い戻しが試みられているのである。

しかしながら、この取引は、ある意味でまったく成立していないとも言える。なぜなら、被害者における無限の損失と比べて、いかなる払い戻しも圧倒的に不十分なものでしかないからだ。取引の場には、払い戻しから溢れ出る無限の損失の余剰分がつねにある。もしこの取引を、たとえば〈移行〉的態度において成立させようとするならば、あまりにも法外な社会変革が必要になるだろう。「愛する人が殺された」という過去の事実そのものを文字通りになかったことにできるような法、世界そのものを原理レベルで変革させうるような形而上学的な法を立法することが必要になる。言い換えれば、非人間的で法外な法の立法だ。

もちろん、そんなことは不可能である。わたしたちは、ある程度の払い戻しがなされたことをもって、この取引が成立したのだとみなしている（あるいは、そうせざるをえない）。しかし、取引成立の背後には、無限の損失の余剰分がつねに溢れ出ている。この取り残されたマイナスの余剰分を、

（27）ヌスバウムは、〈移行〉の例として、公民権運動の指導者であるキング牧師の態度を挙げている。彼は演説のなかで「正義の銀行」という比喩をもちいる。アメリカ合衆国憲法は、白人に対しても黒人に対しても権利を保証するという約束手形に署名をした。ところが現在、黒人にかんして、この手形は不渡りになっている。とはいえ、正義の銀行が破綻しているとは思わない。わたしたちは、この手形を換金しに来たのだ。このようにキング牧師は訴える。ヌスバウムは、〈移行〉的な態度を示すキング牧師が、報復《ペイバック》ではなく払い戻し《ペイバック》を要求しているという点を強調している。Cf. Nussbaum, *op. cit.*, p. 33.

純粋で無条件的な赦しがじつは取引の裏側でこっそりと赦している、と考えることができるだろう。条件的な赦しや〈移行〉的態度の裏側で、だれにも気づかれることなく、純粋な赦しが作動しているのである。このような仕方で、ライトサイドの次元には、それを超えた純粋で狂気的な赦しの次元、いわばハイパーライトサイドが絡みついているのだ。

　純粋な赦しと純粋な怒りは、狂気的であるという点において一致する。この狂気性の特徴は、つぎの二点にある。ひとつ目は、ままならなさという点だ。純粋な怒りも純粋な赦しも、不意に到来する。それらは、理性的な主体の権能を超え出ているという意味で、狂気的な力であると言える。さらにふたつ目は、自己破壊性という点だ。純粋な怒りは、理性的で温厚な人格を破壊し、非合理的で暴力的な人格へと変身させてしまう。また、純粋な赦しは、取引の理性的な計算をこっそりと突き崩す。払い戻されていない無限の損失分があるにもかかわらず、それらすべてを不意にチャラにしてしまうのだ。このあまりにも破滅的な振る舞いが、条件的な赦しや〈移行〉的態度に絡みついているのである。

　まとめよう。理性の次元であるライトサイドは、二方向の狂気に挟まれている。怒りのダークサイドと、赦しのハイパーライトサイドだ。前者が暗すぎて理性によっては照らし出せない闇の領域だとすれば、後者は明るすぎて理性が直視することのできない光の領域である。ダークサイドの不気味な大洋に浮かぶ、ライトサイドの小島。そのはるか上空に、ハイパーライトサイドという太陽が輝く。ライトサイドの島民は、ダークサイドの水面からとつじょ伸びてくる手により引きずり込まれ、復讐の女神となってしまうかもしれない。しかし、闇堕ちした主体は、ハイパーライトサイドの太陽からとつじょ伸びてくる手により引き上げられて、慈愛の女神となるかもしれない。怒ることも赦すことも、理性を超えた狂気の一撃によって不意に到来し、主体を破壊的に変貌させるのである。

第10章　変身から異世界転生へ

――カフカ、ドゥルーズ＋ガタリ、マラブー、メイヤスーをめぐって

本章のテーマは、変身である。フランツ・カフカのふたつの小説を考察することから出発しよう。キーワードは「出口」だ。生は出口を求めている。生を閉じ込め、窒息させてしまう「檻」。そこからの脱出をもたらす出口が求められているのだ。本章が目指すのは、出口からの圧倒的な逃走を可能にさせる力を導き出し、それをつうじて「変身」概念を変身させることである。

1　ふたつの変身――サルとグレゴール

「生きるつもりなら、出口を見つけなきゃならない」[1]。カフカの短篇小説「ある学会報告」の語り手は、このように述べる。彼は、かつてサルであった。物語は、この語り手がいったいどのようにしてサルから人間へと変貌したのかを学会で報告する、というかたちで進んでいく。まずは、この

物語のあらすじを簡単に確認しておこう。

彼は、西アフリカの黄金海岸に生息する野生のサルであった。しかし、ある日の夕暮れ時、水飲み場に行ったところを、茂みで待ち構えていたハンターによって捕獲されてしまう。目を覚ますと、「汽船の中甲板においてある檻のなか[2]」であった。立つことも、しっかりと座ることもままならない狭い檻。「これまでいくらでも出口はあったのに、いまはひとつもない[3]」。生まれてはじめて、出口がないという状況に置かれることになったのである。

この状況からの根本的な脱出、出口への強い願望が彼を突き動かしていく。彼は、檻の外の人間たちをよく観察し、その振舞いを模倣した。そして、ある晩、人間たちの真似をして蒸留酒を飲んだ後、ついに「ハロー！」と叫んだのである。

彼はその後もひたすら出口を求め、勉強をすることにした。自分を徹底的に追い立てていった。それは「サルの本性が、からだをまるめて猛スピードでぼくの中から脱走した[4]」と語られるほどであった。彼は、こうした努力によってヨーロッパ人の平均的な教養を身につけるまでになる。そして、自らの「これまで地上でくり返されたことのない努力[5]」を振り返り、つぎのように述べている。

〔…〕そのおかげでぼくは檻から脱出できたのだし、この特別の出口、人間という出口が見つかったという意味では、やはり価値があることです[6]。

以上が、「ある学会報告」で語られる〈サルから人間への変身〉である。それは、出口を目指す変身であり、変身の成功例だと言えるだろう。

これに対して、中篇小説「変身」で描かれるのは、変身の失敗例だ。ある朝、目を覚ますと、グレゴール・ザムザは「馬鹿でかい虫」になっていた。先ほど確認したように、サルの変身が出口へ向かう変身であったのに対して、グレゴールの変身は出口のなさへと投げ込まれる変身である。サルは檻からの出口を目指して人間になったが、グレゴールは虫になることによって家という檻に閉じ込められ、そこからの出口を見いだすことができずに最終的に死んでしまう。

このふたつの変身は、さらに能動的か受動的かという点にかんしても対照的である。サルの変身が主体的な努力によってなされるのに対して、グレゴールの変身は受動的に巻き込まれる偶発的な事故として到来する。「ある学会報告」では、サルが努力をつうじてどのように人間に変身していったのかが語られる。他方で「変身」の場合、冒頭ですでにグレゴールは理由なく馬鹿でかい虫

(1) Franz Kafka: *Drucke zu Lebzeiten*. Kritische Ausgabe. Hrsg. von Wolf Kittler, Hans-Gerd Koch und Gerhard Neumann. Frankfurt a. M.: Fischer, 1994, S. 306〔フランツ・カフカ『変身/掟の前で 他2編』丘沢静也訳、光文社古典新訳文庫、二〇〇七年、一四一頁〕.
(2) *Ibid*., S. 302〔同書、一三六頁〕.
(3) *Ibid*., S. 304〔同書、一三八頁〕.
(4) *Ibid*., S. 311-312〔同書、一四八頁〕.
(5) *Ibid*., S. 312〔同書、一四九頁〕.
(6) *Ibid*.〔同書〕.

に変身してしまっている。「変身」は、事故として到来した変身のその後をどう生きていくかを描いた物語だと言える。グレゴールの物語をごく簡単に確認しておこう。

　グレゴールは、変身するまえセールスマンとして忙しく働いていた。良い営業成績を残すことが強いられる厳しい職場であることが窺える。現代の言い方をすれば、ブラック企業だ。「どうしてこんなにしんどい職業、選んでしまったのか。明けても暮れても出張だ。〔…〕くそっ、こんな生活、うんざりだ[7]」とグレゴールは漏らす。彼がそれでもその仕事をつづけたのは、父の借金を返すためである。年老いた両親と若い妹を彼が経済的に支えていた。だがそんなある日の朝、小説冒頭で描かれるように、彼はとつじょ馬鹿でかい虫になってしまう。三人の家族は、部屋から出てきたこの巨大な虫に恐れ、戸惑い、部屋へと押し戻してしまう。以後、グレゴールは、自室という檻で生活することになる。

　興味深いのは、物語の中盤までは、グレゴールがこの新たな身体での生活を楽しんでいるように見える点だ。妹が部屋へ運んできた食べ物、とくに以前はまったく好みでなかったチーズにかじりつく。「〔…〕もうがつがつチーズにかじりついていた。ほかのどの食べ物よりもまっ先に食欲をそそられていたのだ。チーズ、古野菜、こびりついたホワイトソース。急いでつぎつぎに、うれしさのあまり目に涙をためて、むさぼるように食べた[8]」。そして、食事に飽きると、今度は身体能力を駆使した「新しい遊び」に興じる。「〔…〕気晴らしに、壁や天井をあちこち這いまわるようになった。とくに天井にぶらさがっているのが好きだった。床に寝そべっているのとは大ちがい。呼吸が楽になる。からだ全体が軽く揺れている。高いところにいて幸せでうっとりしていると、ときどき、床にパタンと落ちて、自分でもびっくりすることがある。だがいまは、もちろん以前とちがって、からだをうまくコントロールすることができるので、こんなに高いところから落ちても、けがをすることがない[9]」。

ところが、こうした遊びと気晴らしに彩られた生活は、ひとつの事件をきっかけに変貌する。ある日、母親がグレゴールの姿を目撃して気絶してしまう。そのことを、グレゴールが暴れたせいだと勘違いした父親が、グレゴールのまえに立ちはだかる。「〔…〕父親はグレーゴルにたいしては、きわめて厳しく接することだけが適切な態度だと考えていた[10]」。彼は手にしたリンゴをグレゴールに投げつけたのである。そして、そのうちのひとつがグレゴールの背中に食い込んでしまう。この傷が徐々にグレゴールを弱らせ、終盤の陰鬱な雰囲気へとつながっていくきっかけになる。グレゴールはほとんどなにも食べなくなってしまうのだ。

カフカのいくつかの作品において、食べることは重要な意味を持っているように思われる。そもそも食べることは、わたしたちにとってどのような意味を持つと考えられるだろうか。エマニュエル・レヴィナスの「享受」(jouissance) 概念を手がかりにしよう。レヴィナスによれば、わたしたち

(7) *Ibid*., S. 116〔同書、三三-三四頁〕.
(8) *Ibid*., S. 146〔同書、六九頁〕.
(9) *Ibid*., S. 159〔同書、八二頁〕.
(10) *Ibid*., S. 170〔同書、九四頁〕.

は、さまざまな対象を糧として味わい、その質を享受することで生きている。パンを食べれば、質が溢れ出す。その質を享受するとき、わたしは存在の全体性から断絶した「内部性」(intériorité)へ引きこもる、とレヴィナスは言う。「享受は、自己のうちへの引きこもりであり、内的旋回である[11]」。享受によって開かれる内部性とは、世界から引きこもり、そこでひとり満足感に浸りこむことができる〈内なる逃げ場〉だと言うことができるだろう。レヴィナスは、文字通りに食べることだけに限らず、なんらかの対象とかかわるさいには、かならず享受が働いているのだと考える。チーズにかじりつくことも、天井にぶらさがることも、享受だ。グレゴールは、それらがもたらす質を味わい、楽しむことによって、内なる脱出口から逃げ出していたのである。カフカ自身も「ロビンソン・クルーソー」という断片のなかで、楽しむことの重要性について指摘している。ロビンソン・クルーソーは、流れ着いた無人島のなかで、助けを求めて、見晴らしの効く一点に留まるということはしなかった。「沖合いを通りかかるかもしれない船や、性能の悪い望遠鏡のことは考えず、島の調査にとりかかり、またそれをたのしんだ[12]」とカフカは指摘する。閉じ込められた空間のなかで、それでもなにかを楽しむことが内なる逃走へとつながるのだ。

しかし、グレゴールには、もはやそうしたことができなくなってしまう。背中の傷と、家の者たちによる接し方が、彼から食べる意欲を剥ぎ取っていく。内なる出口は完全に塞がれてしまうのだ。彼は、妹という残された最後の出口へ向かう(次節で取り上げるドゥルーズ+ガタリの言葉を借りれば、それは「近親相姦」的な出口だ)。妹の首筋にキスをするという脱出計画。しかし、その計画が失敗に終わると、彼は自室という檻にふたたび引き返し、そこで静かに息を引き取る。

2　ふたつの檻――意味的檻と物質的檻

前節では、変身の成功例としてのサルの変身と、失敗例としてのグレゴールの変身について確認した。グレゴールを最後まで閉じ込めつづけた檻の力の正体を見極めるために、小説「変身」にかんするふたつの解釈を取り上げよう。

まずは、『カフカ』で展開されるジル・ドゥルーズ＝フェリックス・ガタリによる解釈から確認しよう。ドゥルーズ＋ガタリがカフカの小説世界に見いだすのは、意味的檻と呼びうるようなものだ。この檻は、「父－母－子」という家族的三角形によって構築されている。三角柱の檻。父は服従することを子に迫り、子を無力化し、抑圧する。こうした支配的構造によって作動する檻だ。

だが、小説「変身」において、この家族的三角形はふたつの側面から掘り崩されることになる、とドゥルーズ＋ガタリは言う[13]。ひとつ目は、この三角形の内側に侵入してくる、さらなる支配的な三角形によってである。家族的三角形において服従を強いるポジションにいた父自身が、その侵入を受けて今度は服従を強いられる側に転落させられることになる。ドゥルーズ＋ガタリは、このよ

（11）Emmanuel Levinas, *Totalité et infini: Essai sur l'extériorité*, Paris: Le Livre de Poche, 1990, p. 123〔エマニュエル・レヴィナス『全体性と無限』藤岡俊博訳、講談社学術文庫、二〇二〇年、一〇六頁〕.
（12）フランツ・カフカ『カフカ寓話集』池内紀編訳、岩波文庫、一九九八年、四一頁、傍点引用者。
（13）Cf. Gilles Deleuze et Félix Guattari, *Kafka, pour une littérature mineure*, Paris: Minuit, 1975, p. 26〔ジル・ドゥルーズ／フェリックス・ガタリ『カフカ――マイナー文学のために〈新訳〉』宇野邦一訳、法政大学出版局、二〇一七年、二四頁〕.

うに侵入してくる三角形を「官僚的三角形」と呼ぶ。[14] 具体的には、グレゴールの職場の専務、父が勤めはじめた銀行の上司、三人の間借り人などがこの官僚的三角形を担っている。

家族的三角形の支配を揺るがすもの。そのふたつ目は、グレゴールの虫への変身、つまり〈動物になること〉(devenir-animal) である。動物への変身は、グレゴールを、家族的三角形からも官僚的三角形からも逃走させていく。「〈動物になること〉、それはまさに運動を実行すること、まったくの肯定性とともに逃走線を描くこと〔…〕、純粋な強度の世界を見いだすことであり、そこではあらゆる形態は分解し、あらゆる意味作用、シニフィアンとシニフィエも分解して、形式化されない素材、脱領土化した、非有意的な記号が優先する」。[15] グレゴールは、虫へと変身することによって、あらゆる意味的な支配構造から逃れていく。父による支配からも、父を服従させる支配からもすり抜けるのだ。

しかし、ドゥルーズ＋ガタリは、〈動物になること〉の不十分さを指摘している。カフカの短篇・中篇小説で描かれる〈動物になること〉は、けっきょく意味的な支配構造に絡め取られてしまう。[16] グレゴールは、「〔…〕〔父に〕リンゴを投げつけられて再オイディプス化し、背中にリンゴが食い込みもはや死ぬしかなくなる」。[17]〈動物になること〉は、いったんは意味的檻からの出口を穿つことに成功する。だが、その不十分さゆえに、出口へとなだれ込むことなく、意味的な支配構造に幽閉されてしまうのである。ドゥルーズ＋ガタリは、カフカの長編小説に着目し、より徹底した逃走をもたらす「機械状アレンジメント」(agencement machinique) の分析に移っていく。[18]

さて、つぎにカトリーヌ・マラブーによる解釈を確認しよう。マラブーは、グレゴールの変身を、自らが考える「破壊的可塑性」（plasticité destructrice）を表現した事態だととらえる。彼女は、この概念が導入される『新たなる傷つきし者』のなかで、「可塑性」という語が持つ三つの意味に着目している。

可塑性がまず意味するのは、粘土のような、形を受け取ることのできる物質が備えている能力である。つぎに意味するのは、最初の意味とは逆に、形をあたえる能力であり、彫刻家や整形外科医などが備えている能力である。そして、最後に二つ目として、「プラスチック爆弾」（plastic）や「プラスチック爆弾による攻撃」（plastiquage）という語が示すように、あらゆる形の爆燃ないし爆発の可能性にも差し向ける。(19)

(14) Cf. *ibid.*〔同書〕.
(15) *Ibid.*, p. 24〔同書、二一頁〕.
(16) Cf. *ibid.*, p. 108〔同書、一二〇頁〕.
(17) *Ibid.*, p. 27〔同書、二五頁〕.
(18) Cf. *ibid.*, pp. 67-69〔同書、七四－七六頁〕.
(19) Catherine Malabou, *Les Nouveaux Blessés: De Freud à la neurologie, penser les traumatismes contemporains*, Paris: PUF, 2017, p. 41〔カトリーヌ・マラブー『新たなる傷つきし者――フロイトから神経学へ　現代の心的外傷を考える』平野徹訳、河出書房新社、二〇一六年、四二－四三頁〕.

形を受け取る能力、形をあたえる能力、形の爆発の可能性。「可塑性」という語が持つこれら三つの意味のうち、とくに最後のものを重視した概念が破壊的可塑性だ。主体は、「プラスチック爆弾」が爆発するようにしてとつじょ同一性が引き裂かれ、まったくべつの形へと変貌してしまう。

こうした破壊的可塑性の具体的事例として同書で検討されているのは、脳損傷である。マラブーは、フィネアス・ゲージの症例を参照する。[20] ゲージは、一九世紀のアメリカで鉄道施設工事の現場監督を担っていた人物である。彼は職務中の事故により、鉄棒が頭蓋骨を突き抜け、脳の前頭葉に損傷を負ってしまう。一命は取り留めるが、それ以前の人格とはまったく異なる人物へと変貌する。苛立ち気味で、落ち着きがなく、物事に無関心な人物に変身してしまうのである。このような脳損傷をもたらす偶発的な出来事は、意味づけや解釈によって回収不可能なものであり、その一撃によって主体の同一性は決定的に引き裂かれることになる。主体はまったく他なるものへと変身してしまうのだ。

マラブーは、破壊的可塑性をめぐるこうした考察を引き継ぎ、『偶発事の存在論』においては、より拡張的な仕方でそれについて論じている。同書ではさまざまな文学作品が取り上げられ、形の破壊的な変様が論じられていく。カフカの小説「変身」についても、この本のなかで言及されている。マラブーは、つぎのように述べる。

小説冒頭におけるグレゴールの目覚めは、破壊的可塑性の完全な表現であるようにわたしには思える。説明不能な性格を持つ昆虫への変形は、起こりうる危険、わたしたちのうちの誰もが直面しかねない脅威として、いつまでもわたしたちを魅きつける。明日なにが起こるか、誰が知るだろう…[21]。

グレゴールは、目を覚ますと虫になっていた。破壊的可塑性がもたらす爆発的な形の変様は、このようにとつじょ偶発的な出来事として到来する。わたしたちは、そうした出来事の到来以降、到底受け入れられないような破滅的な形とともに生きていかなければならないのだ。不快な形からの逃げられなさ。それは、引き裂かれた形を刻印された物質ないし身体への幽閉である。破壊的可塑性は、物質的檻をもたらすのだと言えるだろう。グレゴールは、まさにそうした檻に閉じ込められていたのである。

まとめよう。グレゴールを引き留めつづける檻とは、意味的檻（ドゥルーズ＋ガタリ）であり、物質的檻（マラブー）である。支配的構造に組み入れる意味の力。そして、引き裂かれた形へと釘付けにする物質の力。グレゴールは、これらの力によって構築された堅固な檻に閉じ込められていたのだ。このような堅固な檻に対して、圧倒的な出口をこじ開けることはできないだろうか。

ここで求められているのは、「ある学会報告」のサルのように「これまで地上でくり返されたこ

（20）Cf. *ibid.*, pp. 38-40〔同書、四〇－四二頁〕.

（21）Catherine Malabou, *Ontologie de l'accident: Essai sur la plasticité destructrice*, Paris: Éditions Léo Scheer, 2009, p. 21〔カトリーヌ・マラブー『偶発事の存在論——破壊的可塑性についての試論』鈴木智之訳、法政大学出版局、二〇二〇年、二九頁〕.

とのない努力」をつうじて出口を獲得する、という主体的な逃走ではない。わたしたちが求めているのは、主体的な努力・奮闘によって出口を目指すサル的変身ではないし、もちろん、受動的な事故として到来し、出口のなさへと幽閉してしまうグレゴール的変身でもない。わたしの主体性とは無縁な仕方で偶発的な出来事として到来するが、圧倒的な出口へと押し出してくれるような変身。そのような可能性について考えてみたいのだ。

カフカは、「メシアの到来」と題された断片のなかで、「メシアはやってくるだろう――もはや必要なくなったときに(22)」と述べ、救済に対するある種の諦めを吐露している。圧倒的な出口への押し出しをもたらす変身とは、時宜にかなった圧倒的な救済の可能性でもあるだろう。しかし、そうした救済は、いったどのようなものによって可能になるのだろうか。

3 「破壊」概念の破壊――破壊的可塑性から〈あらゆるものを破壊しうる時間〉へ

ポイントは「破壊」概念にある。マラブーの破壊的可塑性についてあらためて考察しよう。

破壊的可塑性は、形の破壊的変様をもたらすものである。それまでの形をとつじょ破壊し、主体をまったく他なる状況へ投げ入れるものだ。しかし、前節で確認したとおり、それは主体を物質的檻に閉じ込めてしまう。この物質的檻が機能するのは、なぜだろうか。

それは、破壊的可塑性において、破壊の力が物質の秩序そのものにまでは浸透しないように制限されているからである。たとえば、損傷を負ったゲージの脳がとつじょ回復し、以前よりも高機能なものになって彼が天才数学者になってしまう、といったことを破壊的可塑性がもたらすことはない。破壊的可塑性は、エントロピー増大の法則などの物質的秩序そのものを破壊するような変様はもたらさないのである。壊れた形が、とつじょ秩序ある形へと変様することはない。ひとたび破壊的可塑性が発動し、破滅的な形がもたらされたならば、わたしたちは以後ずっとその形とともに生きつづけなければならないのである。こうした物質的檻が機能するのは、破壊的可塑性が物質的秩序の破壊不可能性を前提しているからにほかならない。

だがそれでも、幽閉として機能する破壊的可塑性を破壊的に変様させ、それを解放の力へと変身させることはできないだろうか。破壊の力は、物質的秩序でさえも破壊可能であるとしたらどうだろうか。あらゆる自然法則を突き崩し、圧倒的に解放的な形を到来させうるのだとしたらどうか。カンタン・メイヤスーの〈あらゆるものを破壊しうる時間〉(time that can destroy everything)[23]は、まさにそうしたことをもたらしうるものだと言える。本節では、メイヤスーの議論について確認しよう。

メイヤスーは『有限性の後で』において、「絶対的偶然性」(contingence absolue)という概念を提示し、それを時間と重ね合わせて論じている。〈あらゆるものを破壊しうる時間〉という表現は、あ

(22) カフカ『カフカ寓話集』前掲書、五一頁。
(23) Quentin Meillassoux and Florian Hecker, "Speculative Solution: Quentin Meillassoux and Florian Hecker Talk Hyperchaos," https://www.urbanomic.com/wp-content/uploads/2015/06/Urbanomic_Document_UFD001.pdf, p. 3.

る対談のなかで、この絶対的偶然性についてあらためて説明するさいにもちいられたものだ。少し遠回りになるが、『有限性の後で』の議論を詳しく追っていこう。

同書が目指すのは、「透明な檻」(cage transparente)[24]からの脱出だ。メイヤスーにしたがえば、カント以降の哲学者たちは、思考との相関という「透明な檻」に閉じ込められている。思考と存在の相関にのみアクセスできるとする「相関主義」(corrélationisme)が、近現代哲学において支配的な前提になっている、とメイヤスーは指摘する。[25]わたしたちは、思考された限りの存在についてのみ思考することができるのであって、思考から切り離された裸の存在そのものについて思考することはできないのだ。しかし、カント以前において、哲学者たちは思考と無縁な存在の領野、「大いなる外部」(Grand Dehors)[26]を自由に駆け回り、思弁的な形而上学を展開していた。カントの登場以後、哲学者たちは思考との相関という「透明な檻」に幽閉されてしまったのである。

哲学者たちを閉じ込める「透明な檻」は、どこまでも広がっている。仮に、なにか思考されていない存在を示したとしよう。しかしその途端に、その存在は思考されたものへと変質してしまい、思考との相関に飲み込まれてしまう。檻の外部は、見いだされた途端に内部に転じてしまうのだ。このような仕方で、「透明な檻」はどこまでも広がっているのである。いったいどのようにしたら、こんな檻から脱出できるのだろうか。

メイヤスーの脱出計画はひじょうに緻密で難解なので、ここではそのポイントだけをごく簡単に確認しよう。メイヤスーは、現代の相関主義的な哲学者たちのもうひとつの原理である「事実性」(facticité)に着目する。[27]事実性とは、〈理由・根拠・必然性のなさ〉と言い換えられるような概念だ。

相関主義者にとって、思考が現にあるようなあり方で存在していることは事実的であり、そこにはいかなる必然性もない。したがって、たとえば、あるとき思考が消滅して、思考とは無縁な存在だけの世界になるかもしれないのである。相関主義は謙虚な不可知論的立場であり、観念論のように「思考は必然的であって、けっして消滅しない」とは考えない。あくまでも、思考の消滅の可能性を残しておこうとするのだ。思考は消滅するかもしれないし、消滅しないかもしれない。どちらかわからない、というのが相関主義の立場だ。

メイヤスーは、ここで相関主義者にとって、事実性は思考と相関的であってはならない、と指摘する。[28] 思考の非存在をもたらしうる事実性が思考と相関的に成立するのだとしたら、思考の非存在はあくまでもそれが思考されている限りにおいてのみ成立する、ということになる。つまり、どこまでも思考が残りつづけることになってしまう。そうなれば、思考は消滅しえない必然的なものとなり、相関主義はけっきょく観念論とおなじ立場になってしまうだろう。したがって、事実性は、

(24) Quentin Meillassoux, *Après la finitude: Essai sur la nécessité de la contingence*, Paris: Seuil, 2006, p. 21〔カンタン・メイヤスー『有限性の後で――偶然性と必然性についての試論』千葉雅也・大橋完太郎・星野太訳、人文書院、二〇一六年、一八頁〕.
(25) Cf. *ibid.*, pp. 18-19〔同書、一五－一六頁〕.
(26) *Ibid.*, p. 22〔同書、一九頁〕.
(27) Cf. *ibid.*, p. 83〔同書、九二頁〕.
(28) Cf. *ibid.*, p. 89〔同書、九九頁〕.

思考と相関的ではない、それ自体で存在する絶対的なものでなければならない、とメイヤスーは主張する。このようにメイヤスーは、「透明な檻」に幽閉された相関主義者自身が手にしている事実性を、そこからの出口に変様させたのだと言える。事実性は、相関主義的な思考の檻を消滅させて、その外部を到来させせうる力であると同時に、それ自体がこの檻にとっての絶対的な外部でもあるのだ。

こうした絶対的な事実性が、絶対的偶然性と呼ばれる。本章の議論にとって重要なのは、この偶然性の特徴である。メイヤスーの「偶然性」概念は、いま現に存在するものが偶然的である、ということだけを意味しているのではない。メイヤスーはここに、さらにラディカルな主張を付け加えている。あらゆるものは理由なく存在する——そしてそれゆえに、理由なく別様になりうる。[29]このように、メイヤスーの「偶然性」概念は〈存在の偶然性＋偶然的な生成可能性〉という特徴を持っている。〈あらゆるものを破壊しうる時間〉という概念は、こうした偶然性の特徴をあらわしたものだ。あらゆるものは理由なく存在し、それゆえにとつじょ理由なく別様になってしまうかもしれない。メイヤスーにとって偶然性とは、現に存在するあらゆるものに破壊をもたらし、それをまったくべつのあり方に変貌させせうるような時間性なのである。

重要なのは、この破壊の力の圏域にまさにあらゆるものが含まれる、ということだ。「まったく実在的に、あらゆるものが崩壊しうる。木々から星々にいたるまで、星々から諸法則にいたるまで、さらには自然法則から論理法則にいたるまで、あらゆるものが崩壊しうる」[30]。たんに個々の事物が破壊的に変様するだけではない。自然法則や論理法則、形而上学的構造といった、この世界の根幹にかかわるような仕組みまでもが、破壊的に変様しうるのである。この世界のあり様を規定する構造までもが変様しうるのだから、もはやいかなることであっても不可能ではない。まさにそれゆえに、絶対的偶然性は「デカルトの神に匹敵する全能性[31]」であると述べられる。いかなることでも引き起こしうる全能の力が、それを管理する神不在のまま、あらゆるものに浸透している、というイメージだ。それをコントロールするいかなる主体も欠いたまま、ただ全能の力だけが世界に撒き散らされている。

この全能の破壊の力は、とつじょ理由なく勝手に発動する。そのとき、生を閉じ込めるあらゆるタイプの檻が突き崩され、圧倒的な救済がもたらされるかもしれない（たとえば、自然法則が別様になって、損傷を負った脳がとつじょ天才的な高機能脳になってしまうかもしれない。物質的檻の崩壊だ。あるいは、論理法則が別様になり、父が父かつ非父であるような存在になってしまうかもしれない。意味的檻の崩壊である）。もちろん、想像できないほどの圧倒的な破滅がもたらされる可能性もある。しかし、〈あらゆるものを破壊しうる時間〉は、破壊的可塑性のように、いったん生じた破滅のうちに生を永久に閉じ込めたりはしない。そうした破滅的状況にも同様に、とつじょ別様になる可能性が絡みついているのだ。

（29）Cf. *ibid.*, p. 85〔同書、九四頁〕.
（30）*Ibid.*, p. 85〔同書、九四頁〕.
（31）*Ibid.*, p. 100〔同書、一一一頁〕.

メイヤスーが相関主義的檻からの出口を目指して導き出した〈あらゆるものを破壊しうる時間〉は、生を幽閉するあらゆるタイプの檻からの出口をもたらしうる。それは、圧倒的な救済をもたらしうる力だ。

4 「変身」概念の変身——変身から異世界転生へ

〈あらゆるものを破壊しうる時間〉が発動するとき、わたしはとつじょまったく別様になった世界のなかで、新たに生きていくことになる。それは、変身を超えて、異世界転生であるだろう。

変身とは、この世界のなかで、わたしの身体の形だけが変様する出来事である。おなじ世界の内部に留まるので、それまでの人間関係などはひとまず引き継がれる。他方で、異世界転生とは、あらゆる関係性を一挙に断ち切って、まったく新たな世界のうちで新たな身体とともに生きなおすことである。

〈あらゆるものを破壊しうる時間〉は、現にあるあり様を突き崩して、まったく別様な世界をもたらしうる。ある朝、わたしはチート級の能力を持った馬鹿でかい虫になっていて、自室の扉を開けると、魔法と魔物に満ちた冒険世界が広がっているかもしれない。このとき、世界そのものが異世界に変様してしまうというパターンもあれば、一般に「異世界転生もの」と呼ばれるジャンルで想定されているのとおなじように、現実世界とは別個に存在する異世界へとわたしの意識だけが飛ばされるというパターンもあるだろう。〈あらゆるものを破壊しうる時間〉は、どちらのパターンも引き起こしうる。いずれのパターンにおいても、わたしは破壊の力によって、とつじょ理由なく檻から解き放たれ、まったく新たな世界へと投げ出されることになるのだ。

「異世界転生もの」の代表的な作品である、伏瀬の『転生したらスライムだった件』について見てみよう。主人公の三上悟は、物語の開始早々、通り魔に襲われて命を落とし、異世界へと転生する。そして目を覚ますと、スライムになっていることに気がつく。[32] 彼は、この新たな世界で「リムル＝テンペスト」という名を得て、新たに生きていくことになる。この物語において、元の世界の人間関係などが語られることはほとんどない。三上を抑圧していた構造（三上はモテないことにコンプレックスを抱いていた）は、すべてまるごと置き去りにされ、それとはまったく無関係な新たな世界が生きなおされることになる。異世界転生は、意味的檻からの圧倒的な解放として機能する。また、三上が転生先で得た新たな身体は、形のないスライムである。しかも、「捕食」したものの形に自由に変身できるという能力を持つ。三上の転生は、〈形からの自由〉への変身であり、物質的檻からの圧倒的な解放である。三上悟あらためリムル＝テンペストは、チート級の能力をつぎつぎと獲得し、新たな仲間を得ながら、順調な異世界ライフを送っていく。

変身から異世界転生へ。それは、〈動物になること〉から〈異世界の客人になること〉へのレベルアップである。自己にまとわりつくなにもかもを捨て去り、異世界へ飛ばされた客人として、

（32）伏瀬『転生したらスライムだった件　1』マイクロマガジン社、二〇一四年、一八頁参照。

まったく新たな世界を軽やかに生きなおすこと。こうした圧倒的な解放を、カフカの小説世界のうちに見いだすことはできないだろうか。

カフカの短篇小説に、「家長の心配」という奇妙な話がある。この話は、語り手である家長の視線から、「オドラデク」という奇妙な存在について語られていくものだ。オドラデクは「平たい星形の糸巻」のような存在であり、そこから小さな一本の棒が突き出し、それにさらに一本の棒がついている。それは、物体でもあり生物でもあるような存在だ。じっさい、それはひじょうに素早く動き、さまざまな家々を移り住み、屋根裏部屋や廊下などに滞在する。そして、つぎのような短い会話を交わすこともある。


「君の名前はなんていうの？」と、私たちはたずねる。

「オドラデクだよ」と、それはいう。

「どこに泊っているんだい？」

「泊まるところなんかきまっていないや」と、それはいって、笑う。[33]

訳者の原田義人は、オドラデクの自由さを強調し、つぎのように述べている。「〔…〕このような自由からまたオドラデクの「笑い」が響いてくる。それは別世界から響いてくるような笑いであり、若いカフカがある手紙のなかで書いたように、いわば「月」からの笑いなのである[34]」。オドラデクのとらえどころのなさ、自由さは、それがじっさいに「別世界」からやって来たものだからだとしたら、どうだろうか。この話は、家長の視線から語られているが、その視線をいっさい切り離し、オドラデクに内在した視点から物語を再構成した場合、もしかしたらそれは異世界転生譚であるかもしれない。オドラデクは、たんにいくつもの家々に移り住む客人であるだけでなく、この物語世界全体にとっての客人、つまり転生者であるかもしれない。転生したらオドラデクだった件。

「泊まるところなんかきまっていないや」。そう言って、かさかさ笑うと、オドラデクは気ままな冒険に出発した。さまざまな奇妙なキャラクターたちに出会うことだろう——部屋に閉じ込められた馬鹿でかい虫。父に判決を言い渡されて欄干に手をかける青年。音楽犬たち。アラビア人の命を狙うジャッカルたち。檻に籠もる断食芸人。巣穴を見張りつづける地中動物。歌姫を囲う二十日鼠族。オドラデクは、他なる世界からやって来た客人の自由さで、みなを魅了していく。みんなまとめて救ってやろう。あらゆる檻にリンゴを投げつけよう。

(33) Franz Kafka: *Drucke zu Lebzeiten*, *op. cit.*, S. 284〔フランツ・カフカ「家長の心配」原田義人訳、『世界文学大系五八　カフカ』筑摩書房、一九六〇年、四一八頁〕.

(34) 原田義人「解説」、『世界文学大系五八　カフカ』前掲書、四四七頁、傍点引用者。

エピローグ　破壊の形而上学、略してMOD《モッド》の全面的展開へ向けて

共時的断絶から、通時的断絶＝破壊へ

本書は、「断絶」パートから「破壊」パートへと進んできた。断絶と破壊の定義をあらためて振り返っておこう。プロローグで確認したとおり、断絶と破壊は、「暗黒」概念から力を得ている。わからなさ、触れられなさ、通路のなさとしての暗黒。言い換えれば、それは断絶の彼方である。

この断絶には、ふたつのタイプがあった。

ひとつ目は、第Ⅰ部であつかわれた共時的断絶である。共時的断絶は、存在者どうしを空間的な仕方で引き裂き、無限の彼方へと押しやる。ある存在者にとって、他の存在者は断絶の彼方であり、不可視の闇である。グレアム・ハーマンは、こうした断絶線がいたるところに走っている宇宙像を描き出した。

これに対してふたつ目のタイプは、第Ⅱ部であつかわれた通時的断絶、すなわち破壊である。通時的断絶は、ある存在者を時間的な仕方で引き裂く。現在のあり様はとつじょ破壊され、まったく別様な姿へと変貌する。未来が不可視の闇となるのだ。カンタン・メイヤスーは、あらゆるものに

こうした破壊の可能性が浸透しているということを示した。

さて、本書の結論を述べておこう。共時的断絶から、通時的断絶＝破壊のほうへ。暗黒に魅せられた形而上学は、この方向に突き進むべきである。これが結論だ。しかし、なぜそうした方向へ進むべきなのだろうか。その理由はふたつある。それぞれ確認しておこう。

第一に、共時的断絶を描く形而上学は、闇を光に転化させてしまうからだ。ヒラン・ベンスーザンによるハーマンへの批判を思い出してほしい（本書第5章第3節）。ハーマンは、退隠する実在的対象で満ちた宇宙像を描き出した。それは、いたるところに共時的な断絶の線が走り、隠れが満ちあふれた宇宙である。だが、その一方で、この隠れの描き出しによって、むしろ隠れは光に照らし出されてしまったと言える。ハーマンのオブジェクト指向存在論は、あらゆる存在者のマッピングを試みる。すべてを自らのうちに位置づける透明で全体的なひとつの地図。存在者は、そこへとフラットに位置づけられることによって真の隠れを消失させることになる。ほんとうの隠れ、よりダークな隠れは、この地図の全体性そのものから逃れ去るのでなければならない。暗黒の追求という点で見た場合、まさにここに共時的断絶の限界がある。これに対して、通時的断絶＝破壊は、この地図そのものを破り捨て、未知の世界を到来させる。よりダークな隠れを到来させうる力が破壊性である（そうした力そのものをひとつの地図のうちに閉じ込めてしまった、というのがメイヤスーに対するベンスーザンの批判であった。破壊性を追求する形而上学は、この誤謬に陥らないように展開されなければならない）。

第二の理由に移ろう。空間的に断絶の線が走る宇宙において、その断絶構造ゆえに新しさがもたらされる、ということもある。つまり、共時的断絶が通時的断絶をもたらす、というパターンだ。

ハーマンは、対象は汲みつくしえない無尽蔵の性質を隠し持っているのだと考えた。そうした未知の性質があるときふと噴出することによって、劇的な変化、新しさがもたらされるのである。同様の仕組みは、ハーマンによって関係主義の哲学者とみなされたブリュノ・ラトゥールのうちにも見いだされる。ラトゥールはネットワークを重視するが、その一方でネットワークの外部についても語っている。ネットワークにまだ介入してきていない、いわば潜在的なアクターの群れは、「プラズマ」と呼ばれる。[1] そうしたプラズマがネットワークの彼方から流入してくるとき、劇的な変化がもたらされるのだ。「共時的断絶が通時的断絶をもたらす」というのは、このように、空間的に埋め込まれた闇から未知のなにかが噴出してくることによって新しさがもたらされる、という事態を意味している。しかし、このタイプの通時的断絶は、通時的断絶一般から見ると強度の低いものだと言える（これが第二の理由だ）。ハーマンやラトゥールが考える変化は、空間的な隠れ構造が原因になってもたらされる破壊である。だが、強度の高い破壊は、むしろいかなる原因も理由もなしに到来するのでなければならない。さらに言えば、強度の高い破壊は、空間的な隠れ構造そのものをも破壊しうる。ハーマンやラトゥールは、いかに劇的な変化が起こったとしても、そのことによって「世界は対象やアクターから成る」という形而上学的構造そのものが別様になってしまうとは考え

（1）Bruno Latour, *Reassembling the Social: An Introduction to Actor-Network-Theory*, Oxford: Oxford University Press, 2005, pp. 244-245〔ブリュノ・ラトゥール『社会的なものを組み直す——アクターネットワーク理論入門』伊藤嘉高訳、法政大学出版局、二〇一九年、四六二‐四六五頁〕.

ていない。彼らの考える変化は、制限された変化なのである。

無理由・無制限の破壊へ。いかなる理由もなく発動し、例外なしにあらゆるものをその作用域に巻き込んでいく破壊性へ。それは、いかなる構造にももとづくことなく、あらゆる構造を例外なく破壊しうるものだ。わからなさ、触れられなさ、通路のなさとしての暗黒を追求する形而上学は、共時的断絶の議論から立ち去り、こうした方向へと発展していかなければならない。

穴-秘密、石-秘密から、時間-秘密へ

あらゆる構造の破壊。それを構造の破壊の構造なしに描くこと。本書第Ⅱ部で素描された「破壊の形而上学」は、そのような試みである。メタフィジックス・オブ・ディストラクション、略してMOD《モッド》の全面的な展開へ。暗黒の形而上学は、つぎなるステップとしてそうした方向へ向かう必要がある[2]。

本書の最後に、MODが考える方向性についてもう少しだけ素描しておこう。千葉雅也の「穴-秘密／石-秘密」という対概念[3]を参照し、それらとの対比をつうじてMOD固有の「秘密」について描き出すことにしたい。穴-秘密／石-秘密は、千葉がべつの箇所で提示する「否定神学的X／複数的なもの[4]」という対概念と対応している。詳しく確認しよう。

まず、穴-秘密とは、わたしたちによる解釈をどこまでも誘発するような秘密である。けっして触れえない巨大な穴。わたしたちはその淵に立ち、延々と解釈をつづけていく。こうした穴のような秘密が、穴-秘密である。それは、否定神学的Xと呼ばれるものに対応している。ひとつの穴、

とらえられない深遠なXをめぐって空回りしつづける、という構造がそこにはある。

現代思想においてラカンこそが「否定神学的思考の王」である、と千葉は指摘する。[5] デリダやドゥルーズは、そうしたラカンに対する批判をつうじて、否定神学的Xを複数的なものに分散させる方向へと進んでいった。この方向性と共鳴するものとして提示された概念が、石‐秘密である。石‐秘密とは、解釈をそこで絶対的に諦めさせるような秘密だ。絶対的に踏み込むことのできない石。わたしたちの解釈はそこに突き当り、絶対的な中断を余儀なくされる。こうした石のような秘密が、石‐秘密と呼ばれる。それは、「いかなる解釈を施そうと無関係に、ただそこで自らに内在的に存在している、無解釈的なものである」[6]。

千葉は、この石‐秘密を、ハーマンやメイヤスーの議論のうちに見いだしている。彼らは、思考と存在の相関（つまり絶えざる解釈運動）を越えた、即自的な存在について語る。それは、わたしたちによる解釈ないし意味づけを撥ねつける、石‐秘密的なものである。ハーマンが語る実在的対象は、

（2）わたしはいまMODを全面的に展開したつぎの単著を準備している。本書に収録された「破壊の形而上学 基本テーゼ（ver. 0.91）」は、そこで ver. 1.0 にアップデートされる予定である。

（3）千葉雅也「思弁的実在論と無解釈的なもの」『意味がない無意味』二〇一八年、河出書房新社、一三六‐一六三頁参照。

（4）千葉雅也『現代思想入門』講談社現代新書、二〇二二年、一九四‐二一四頁参照。

（5）同書、二〇六頁参照。

（6）千葉『意味がない無意味』前掲書、一四九頁。

まさにこの石－秘密的なものだと言える。実在的対象は、わたしたちによる絶えざる解釈の理念的な到達点として存在するのではなく、たんにそれ自体として無関係的に存在している。空虚のシールドのうちへ引きこもり、自立的に存在する事物が実在的対象だ。このような石－秘密的なものがいたるところに転がっている、と考えるのがハーマンのオブジェクト指向存在論である。千葉は、ここにさらにメイヤスーの絶対的偶然性を接ぎ木する。ある対象が現にそのように切り出されていることには、いかなる理由もない。対象の区切りは、事実的ないし偶然的である。したがって、諸対象はとつじょ別様に区切りなおされ、まったく異なる対象が溢れ出すかもしれない。そのように区切りなおしが生じることも、あるいは現になされている区切りが維持されることも、ただ偶然的なのである。[7] いかなる理由もなしに、たんにそれ自身でしかないもの。それが石－秘密だ。

いったんまとめておこう。わたしたちによる解釈を誘い込むようなものとしての穴－秘密。千葉はそれに対して、石－秘密を提示した。わたしたちの解釈を撥ねつけ、たんにそれ自体として無関係的に存在する事物の、石のような秘密。それが石－秘密と呼ばれる。

ここで、以上のふたつの「秘密」概念にかんして、千葉による説明を越えてさらに踏み込んだ考察をしておこう。それらは、いったいどのような意味において秘密なのか。まず穴－秘密は、垂直方向に隠された秘密だとみなすことができる（図1）。この世界に、垂直方向に穿たれた巨大な穴。わたしたちはそれにとらわれて、どこまでも深く意味づけをおこなってしまう。これに対して、石－秘密には垂直方向の次元がいっさいない。いかなる理由もなしに、ただそれ自体でしかない事物を掘り下げ、それに深い意味をあたえることは不可能だ。非理由的・無関係的な事物は、垂直的次

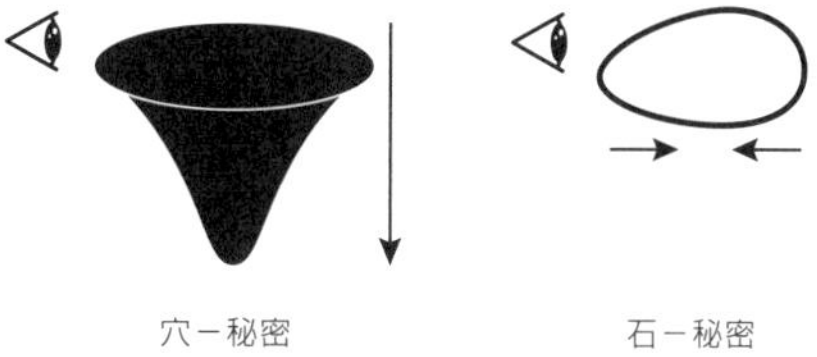

図１　穴 - 秘密と石 - 秘密

元のなさによって、わたしたちによる解釈をきっぱりと退ける。石 - 秘密は、垂直方向ではなく、むしろ水平方向に隠された秘密だと言える。水平の内部方向へ引きこもり、空虚のシールドの内側に隠された秘密が、石 - 秘密である。

さて、以上の考察を踏まえたうえで、MOD固有の「秘密」について考えよう。ここまで見てきた穴 - 秘密と石 - 秘密は、どちらも「空間 - 秘密」であると言える。それは、目のまえの穴的・石的なものが、垂直方向ないし水平方向に空間的な仕方で隠し持った秘密である（本書の用語で言えば共時的断絶にあたる）。それに対して、MODが重視するのは、「時間 - 秘密」だ。時間 - 秘密とは、水平の（内部方向ではなく）外部方向に、もっと言えば、時間的な外部方向に隠された秘密である。いま現にある事物は、破壊性の発動により、想像不可能なまったく別様ななにかに変貌しうる。MODは、このように時間的に隠された秘密を追求する。

だが、たしかに石 - 秘密にも、そうした劇的な変化の可能性が含まれていた。千葉は、ハーマンのオブジェクト指向存在論にメイヤスーの絶対的偶然性を接ぎ木し、非理由的に存在する対象の姿を描き出した。ある対象が現にあるようなものとして区切られているのはたまたまであり、そこにいかなる理由もない。したがって、諸対象の区切りなおしがとつじょ到来し、異様な

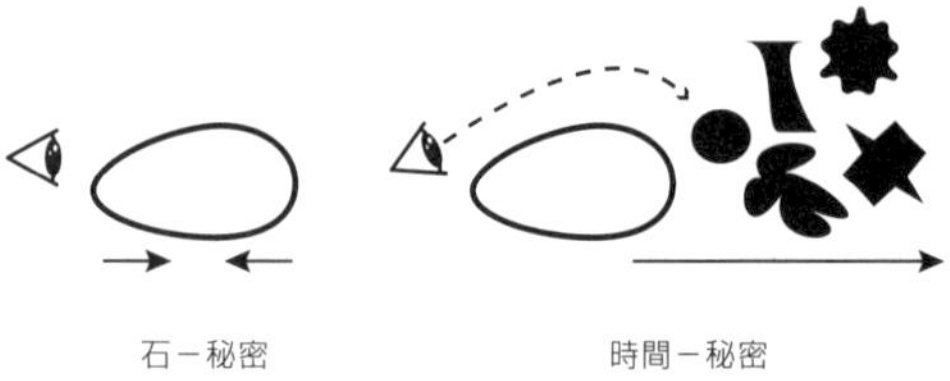

図2　石 - 秘密と時間 - 秘密

対象たちが溢れ出すかもしれない。こうしたカオス的な変化の可能性をも含意したものが、石‐秘密であった。しかし千葉は、「どうなるかわからない」という可能性を、目のまえの対象の内部に埋め込む。千葉の議論にとって重要なのは、カオス的に変貌しうる未来のほうではなく、「どうなるかわからない」という可能性を抱え込んだ眼のまえの対象のほうである。この世界には、無関係的に存在し、どうなるかわからない物や人間たちがあふれている。石‐秘密的な他人たちをまえにして、有限的な仕方で応答すること。そこには、「諦め」や「赦し」といったテーマがかかわってくる[8]。穴‐秘密としての他人と対面し、無限に解釈・応答をしつづけるような倫理ではなく、石‐秘密的な他人に突き当たって、その都度ただ有限的になす行為へ。千葉が石‐秘密を提示することによって主張するのは、こうした仕方でいまここを生きるということである[9]。

これに対して、MODが時間‐秘密を重視することによって強調するのは、未来のほうだ。MODの視線は、いまここにある石ではなく、どうなってしまうかわからない未来そのもののほうに向けられている（図2）。この未来のカオス性を、石‐秘密に接ぎ木された絶対的偶然性をそこから切り離し、その純粋な力を解き放つことによって眺めてみよう。絶対的偶然性が示しているのは、あらゆるものは理由なく存在し、いかなる理由もなしにどのようにでもなりうる、ということだ。個々の事物や世界全体、さらには自然法則や論理法則、形而上学的構造さえもがとつじょ別様になりうる。例外なしに、なにもかもが破壊的に変様しうるのである。だが、メイヤスー自身は絶対的偶然性のこうした荒々しい力を制限する方向へ議論を進めてしまった。MODは、このむき出しの力をいかなる制限もなしに引き受け、それに「破壊性」という名をあたえたのであった（本書第7章第4節）。破壊性が発動するとき、あらゆることが生じうる。このことを、石－秘密に埋め込まれた変化可能性と対比してみよう。石－秘密に接ぎ木された絶対的偶然性は、諸対象の区切りなおしをもたらしうるのであった。それは、たとえばコップが蝶になる、といった事態でさえももたらしうるだろう。だが破壊性は、これよりももっと根底的な次元での変様をもたらしうる。それは、たんに諸対象の区切りなおしをもたらすだけではない。一でも多でもないもの、もはや対象ではなく、石－秘密的な構造とはいっさい無縁のなにかでさえも到来させうる。そのとき、世界全体が破壊的に変様する場合もあれば、世界全体は無傷のまま、ある対象だけが破壊的に変様して、この世界にとっての異様な例外になるという場合もあるだろう。

まとめよう。破壊性は、想像不可能なさまざまな未来をもたらしうる。水平的・時間的な外部方

（7）同書、一五一－一五三頁参照。

（8）同書、一五九頁参照。

（9）同書、一五七－一六〇頁参照。千葉『現代思想入門』前掲書、二一二－二一四頁参照。本書第1章で示した〈ムスビではなく乗り換えへ〉という方向性は、千葉のこの主張と共鳴する。

向に、無数の闇が散らばっているのである。未来には無数の穴が空いているのだ。時間－秘密とは、多孔的な秘密だと言える。MODは、目のまえの事物を飛び越え、そうした無数の秘密へと視線を向ける。破壊性が発動するとき、退屈な世界は一気に吹き飛び、まったく別様な世界が勝手に到来する。そのような圧倒的な解放が、いかなる理由もなしにとつじょもたらされるかもしれない。未来方向に散らばる無数の〈かもしれない〉の穴。MODは、そうした破壊的解放にかんする秘密に引き寄せられる。

あとがき

わたしは、前著『連続と断絶』のあとがきで、本の最後に謝辞を書き連ねることへの違和感について書いた。ほとんどの読者を置いてけぼりにしたまま、まるでアリバイづくりのように感謝を書き連ねることに、白々しさを感じてしまうのだ。「〇〇氏、△△氏、□□氏……のお陰で」と固有名を延々と列挙することは、道徳化された関係主義にはかならない。ほんとうに感謝しているならば、プライベートな場で直接伝えれば良いのではないか。

いまでもこのように考えているのだが、こんなふうに書いてしまった手前、ふつうに謝辞を書くことができないという奇妙な縛りができてしまった。そこで前著で編み出されたのが、本が感じている感謝の気持ちを聴き取り、それを代弁するという手法だ。シャーマニズム的謝辞。著者は個人的に直接感謝を伝えることができるが、本にはそれができない。そこでそれを代弁しようというのが、(たぶん世界でわたししかやっていない)シャーマニズム的謝辞である。さっそく『暗黒の形而上学』氏の感謝を代弁することにしよう。

本書は、わたしがさまざまな機会に書いてきた論稿をまとめたものである。『暗黒』氏からすれば、それらは身体器官のようなものだ。それらの論稿は、編集者の方々にお声がけいただくことがなければ、おそらく書かれることがなかっただろう。とくに青土社の加藤紫苑さんと講談社の栗原一樹さんには、大変お世話になった。また、それらの論稿（器官）をひとつの本（身体）にまとめあげるという企画を提案し、それに「暗黒の形而上学」という名をあたえてくださった、青土社の永井愛さんにも感謝申し上げたい。さらに、『暗黒』氏に素敵な装丁（衣装）をつくってくださったのは、デザイナーの村上真里奈さんだ。わたしがこの文章を書いている時点では、まだどんなものになっているのかわからないが、きっと『暗黒』氏にぴったりの最高のデザインになっているはずだ、と断言しておこう。

ところで、わたし自身のまったくプライベートなことだが、先日わたしは村上さんと婚姻制度上のパートナーとなった。エコノミックな同盟関係になったので、ここでブックデザイナー村上真里奈について、少しだけ宣伝させていただきたい。村上さんは、担当することになった本を入念に読むことから仕事をはじめる。メモを取りながら全体を読み通す。そうやって装丁に使えそうなイメージを引っ張り上げたうえで、いよいよ実際の作業にとりかかる。著者にとってなによりも嬉しいのは、最初期の貴重な読者になってもらえる、という点だ。本の内容をよく理解したうえで、それを装丁のデザインに落とし込むという、とても丁寧な仕事をしていただける。本書の装丁が気に入ったという書き手の方は、ぜひ窓口のわたしにご連絡を――。

シャーマニズム的謝辞に戻ろう。最後に感謝を申し上げたいのは、ここまで本書を読んでくださったあなたにだ。ハーマンは、芸術は〈芸術作品＋鑑賞者〉によって成立する、と述べていた。哲学にかんしても、そのように言えると思う。哲学書だけが転がっていても、そこにはなにも生じていない。読者が哲学書を手に取り、退隠する謎の哲学概念を自分なりの仕方で身にまとって読み進めていく。こうしたことがなければ、哲学書はたんなる石と変わらない存在になってしまうだろう。あなたの読解行為こそが、『暗黒』氏を生きた哲学書にしてくれたのだ。

わたしは、エピローグで予告したとおり、ＭＯＤを全面的に展開するつぎの著作を準備している。もし本書の議論を気に入っていただけたならば、ぜひつぎの本も手にとっていただけたら嬉しい。

See you next book !

飯盛元章

二〇二四年一月三一日

初出一覧

プロローグ　世界は触れられなさで満ちている　以下のものに大幅に加筆した。初出：「哲学はスイングバイによって思考の深宇宙へ飛び立つ」『現代思想』二〇二二年八月号、第五〇巻第一〇号、特集＝哲学のつくり方、青土社、二〇二二年、五三－六〇頁。

第1章　関係の糸を引き裂き、自由な存在を撒き散らせ　初出：「ムスビと乗り換え――関係と無関係の思想をめぐる試論」『中央評論』第三一一号、第七二巻第一号、中央大学出版部、二〇二〇年、四四－五七頁。

第2章　ホワイトヘッド哲学最速入門　初出：「断絶のほうへ――『連続と断絶――ホワイトヘッドの哲学』を紹介しつつ」『フィルカル』第五巻第三号、株式会社ミュー、二〇二〇年、一五〇－一六五頁。

第3章　ようこそ！　狂気の怪奇オブジェクト空間へ――ハーマン入門　初出：「ようこそ！　狂気の怪奇オブジェクト空間へ」Ritsuki Fujisaki Gallery, “Usual group show at an emerging gallery,” https://ritsukifujisakigallery.com/Usual-group-show-at-an-emerging-gallery

第4章　関係と無関係、あるいは美と崇高――ホワイトヘッドとハーマンの形而上学　初出：『現代思想』二〇二〇年一月号、第四八巻第一号、特集＝現代思想の総展望、青土社、二〇一九年、五九―七五頁。

第5章　思弁的実在論は闇を光に転化させてしまう――ベンスーザン『指標主義』のブックガイド
初出：「ヒラン・ベンスーザン『指標主義』」『現代思想』二〇二二年一月号、第五〇巻第一号、特集＝現代思想の新潮流 未邦訳ブックガイド三〇、青土社、二〇二一年、三〇―三七頁。
ｎｏｔｅ　ベンスーザン『指標主義』をめぐって（第5章への追記）　初出：「ヒラン・ベンスーザン『指標主義』について（『現代思想』ブックガイド特集論稿への追記）」ｎｏｔｅ、https://note.com/motoaki_iimori/n/n4ddf8e787c1d

第6章　哲学はなぜ世界の崩壊の快楽を探究してしまうのか――パンデミックから破壊の形而上学へ
初出：「現代新書」講談社、https://gendai.media/articles/-/76617
ｎｏｔｅ　破壊性へ――メイヤスーの「絶対的偶然性」とハーマンの「汲みつくせなさ」について
初出：ｎｏｔｅ、https://note.com/motoaki_iimori/n/n2e8ea23db02b

第7章　非ネットワーク的外部へ——ラトゥール、ホワイトヘッド、ハーマンから、破壊の形而上学へ
初出：『現代思想』二〇二三年三月号、第五一巻第三号、特集＝ブルーノ・ラトゥール　一九四七－二〇二二、青土社、二〇二三年、一七二－一八四頁。

ｎｏｔｅ　破壊の形而上学　基本テーゼ（ver. 0.91）　以下のものに大幅に加筆修正した。初出：「破壊の形而上学 基本テーゼ（ver. 0.9）」ｎｏｔｅ、https://note.com/motoaki_iimori/n/n4c06bcc6f1d4

第8章　ディグ的、あるいはスイングバイ的読解
1　永井均『私・今・そして神——開闢の哲学』　初出：「カント原理、ライプニッツ原理から、デカルト＝メイヤスー原理へ」『群像』二〇二一年八月号、第七六巻第八号、講談社、二〇二一年、ＤＩＧ現代新書クラシックス、三六四－三六八頁。
2　永井均『遺稿焼却問題』　初出：『週刊読書人』二〇二二年四月八日号、第三四三五号、三面。
3　マーク・フィッシャー『ポスト資本主義の欲望』　初出：『図書新聞』二〇二二年一一月一二日号、第三五六六号、一面。
4　デイヴィッド・Ｊ・チャーマーズ『リアリティ＋』　初出：『週刊読書人』二〇二三年五月二六日号、第三四九〇号、三面。
5　ブリュノ・ラトゥール『パストゥールあるいは微生物の戦争と平和、ならびに「非還元」』　初出：『週刊読書人』二〇二三年九月二九日号、第三五〇八号、三面。

ｎｏｔｅ　過剰創発宇宙　　初出：ｎｏｔｅ、https://note.com/motoaki_iimori/n/n340aba2828be

第９章　闇堕ちの哲学——怒りのダークサイド試論　　初出：『文藝』二〇二二年夏季号、第六一巻第二号、河出書房新社、二〇二二年、特集１怒り、一四七‐一五八頁。

第10章　変身から異世界転生へ——カフカ、ドゥルーズ＋ガタリ、マラブー、メイヤスーをめぐって　初出：『現代思想』二〇二四年一月臨時増刊号、第五一巻第一七号、総特集＝カフカ 没後一〇〇年、青土社、二〇二三年、三五三‐三六四頁。

エピローグ　破壊の形而上学、略してＭＯＤ《モッド》の全面的展開へ向けて　　書き下ろし

索引

※ボールドは注のページ数

人名

事項

飯盛元章（いいもり・もとあき）

1981年埼玉県生まれ。早稲田大学卒業、中央大学大学院文学研究科哲学専攻博士後期課程修了。博士（哲学）。現在、中央大学兼任講師。ホワイトヘッド、ハーマン、メイヤスーなどを中心に現代形而上学を研究している。著書に『連続と断絶――ホワイトヘッドの哲学』（人文書院、2020年）、共訳・共著書に『メルロ＝ポンティ哲学者事典　第二巻・第三巻・別巻』（白水社、2017年）がある。

暗黒の形而上学
触れられない世界の哲学

2024 年 4 月 15 日　第 1 刷印刷
2024 年 4 月 30 日　第 1 刷発行

著　者　　飯盛元章

発行者　　清水一人
発行所　　青土社
101-0051　東京都千代田区神田神保町 1-29　市瀬ビル
電話　03-3291-9831（編集部）　03-3294-7829（営業部）
振替　00190-7-192955

装　幀　　村上真里奈

印刷・製本　シナノ印刷
組　版　　フレックスアート

ISBN978-4-7917-7640-5　Printed in Japan